NICHT VON GESTERN
FRAUEN FRAGEN

Zukunft gestalten!

SIRI QUINN

Über die Autorin:

Siri Quinn stellt die typischen Frauenthemen in den Mittelpunkt: Selbstwirksamkeit, Muttersein und der Sinn von Karriere sind immer noch die großen Fragestellungen in Frauen-Biografien.

Mit ihrem Buch »NICHT VON GESTERN - FRAUEN FRAGEN: ZUKUNFT GESTALTEN!« inspiriert sie andere Frauen zu mehr Zielsetzung, Selbstreflexion und neuen Gedankengängen.
Sie zeigt auf, dass jede Frau Meinungen, Werte und Ziele individuell für sich definieren darf, statt Stereotypen zu folgen, die von Social Media oder dem gesellschaftlichen Konsens vorgegeben werden. Ihr Buch ist nicht nur für junge Frauen ein guter Wegweiser, sondern fordert alle Frauen auf, aktiv ihr Leben in die Hand zu nehmen.

Siri Quinn kommt aus NRW, studierte Visuelle Kommunikation in Düsseldorf und lebt nun in Schwäbisch Hall. Sie ist verheiratet und selbst zweifache Mutter.
Sie war in mehreren Berufen der Öffentlichkeitsarbeit und Werbebranche tätig, bis sie sich entschied, als freie Autorin dem Leben mehr Aufmerksamkeit zu schenken.

Vorab möchte ich den Menschen Danke sagen,
denen es trotz eigener Verpflichtungen möglich war,
sich mit den vorliegenden Inhalten zu beschäftigen.
Denn genau das ist das Problem unserer Zeit:
Der Alltag hat uns im Griff, von einer Love-Life-Balance
sind die meisten weit entfernt und sobald es noch
anstrengender wird, soll lieber alles so bleiben, wie es ist.

Ich freue mich, dass ich jetzt ein Buch herausgeben konnte,
welches gerade für jüngere Frauen wichtig sein kann.
Danke an alle, die mich dabei unterstützt haben!

Nicole M. Susca

Einleitung

Obwohl viele junge Menschen heutzutage gleichberechtigt denken, Rollenwechsel stattfinden und starren Geschlechtszuordnungen weniger Bedeutung beigemessen wird, ist der wirtschaftliche und gesellschaftliche Einfluss von Frauen im Sinne der Gleichstellung immer noch viel zu gering. Eine aufflammende offene Hinwendung zum Patriarchat und eine mediengesteuerte, feministische „Barbie-Kultur“ deuten zudem auf eine uneinheitliche Positionierung von Frauen hin.
Wie kommen die negativen Gleichstellungsberichte, Studienergebnisse und Statistiken zustande, obwohl vielen gut ausgebildeten Frauen immer mehr Möglichkeiten offenzustehen scheinen? Diskriminierung, Gender-Pay-Gap und die schlechte Vereinbarkeit von Familie und Beruf werden gerne als Gründe herangezogen, doch das eigentliche Problem liegt tiefer:

„Wer bin ich und wo will ich damit hin“, ist eine Frage, die Frauen sich oft erst viel zu spät beantworten.

Für eine individuelle und tragfähige Antwort, ist es dringend nötig, rechtzeitig die Mechanismen von Berufswahl, Partnerwahl, Rollenerwartungen und gesellschaftlichen Mustern zu durchschauen. Frauen jeden Alters sind aufgefordert, genauer hinzusehen und ihre Biografie zu hinterfragen. Denn obwohl gerade junge Frauen dies nicht präsent haben, ist das Abdriften in den reaktiven Erledigungsmodus einer der größten Fallstricke im Erwachsenenleben. Auch eine stark ausgeprägte Orientierung an persönlichen Werten kann den Blick auf eine finanzielle Unabhängigkeit und die eigene Entwicklung verstellen. Vor dem Hintergrund einer unüberschaubaren *„Alles ist möglich“-Kultur* und sich früh entwickelnder Beziehungen fällt eine eigenständige Zieldefinition gerade jungen Frauen schwer. Wie diese unreflektierten Denk- und Verhaltensmuster die Ausgestaltung eigener Präferenzen behindern, kann tagtäglich im eigenen Umfeld beobachtet werden: Frauen fühlen sich in ihrer Vorstellungs- und Gedankenwelt längst emanzipiert, doch viele urteilen, handeln, leben und lieben nicht entsprechend.

Sich lediglich auf patriarchale Unterdrückung zu berufen, ohne die eigenen Anteile an der Mitgestaltung unserer Gesellschaft zu erkennen und zu nutzen, greift meines Erachtens zu kurz. Niemand muss für alles sofort einen Plan haben, doch aktiv am Leben teilnehmen zu können, ist ein Privileg unserer Zeit, welches genutzt werden sollte.
Bleibt im Dialog mit euch selbst und findet eure Love-Life-Balance!

Viel Spaß dabei!

P.S.: Mein Buch soll einen thematischen Überblick bieten und individuelle Lösungsansätze ermöglichen. Es versteht sich nicht als Fachliteratur. Allen Menschen, die am Zusammenspiel von Persönlichkeit, Umfeld und gesellschaftlichen Mustern interessiert sind, möchte ich dieses Buch ans Herz legen. Dennoch wurde auf eine genderneutrale Formulierung verzichtet, da es hier vor allem um die Rollenerwartungen zwischen Frau und Mann und dem daraus resultierenden Verhalten geht.

Stille Übereinkünfte

Vor dem Hintergrund der Partnerschaft zwischen Mann und Frau möchte ich Bezug auf Muster nehmen, welche für viele Menschen den Handlungsrahmen vorgeben: Die Anziehungskraft der geschlechtlichen Gegensätze und biologischen Zwänge. Ob der Mensch diese überwinden kann oder will, bleibt fraglich.
Es stimmt, Erziehung und Nachahmung bringen Rollenbilder hervor. Es ist bekannt, dass im Feminismus biologisch begründetes Rollenverhalten nicht zählt, da hier die Meinung vertreten wird, dass Männer und Frauen zu ihrem Geschlecht erzogen werden. Doch biologische Zwänge, die sich besonders deutlich in der Pubertät zeigen, wurden mehrfach wissenschaftlich untersucht und belegt.
Jeder kann aus seinem Umfeld Erfahrungen dieser Art beisteuern: Erst kürzlich konnte ich dem Gespräch junger Männer folgen, die sich große Sorgen darüber machten, ob sie an Körpergröße noch gewinnen würden oder nicht.
Körpergröße, Kraft und Männlichkeit nehmen gerade in der Pubertät bei jungen Männern einen hohen Stellenwert ein.
Fakt ist, dass wir uns bisher jedenfalls trotz aller Bemühungen noch nicht von unserem biologischen und erlernten Verhalten freimachen können, wie der gängige gesellschaftliche Kodex und die entsprechenden Studien zeigen.
Auch gibt es Automatismen, die häufig gar nicht richtig wahrgenommen werden. Wir kennen es aus unserem Umfeld, von uns selbst oder bekommen es medial immer wieder vorgesetzt. Nehmen wir als Beispiel die Vaterfigur, die in Beziehungen von nicht wenigen Frauen präferiert wird: Dieser Hang zum väterlichen Partner entspricht einem patriarchalen Muster, da hier männliche Stärke und Schutz

im Vordergrund stehen und von der partnersuchenden Frau unbewusst die in der Kindheit angenommenen Hierarchien eingehalten werden.
Bevor Gründe für fehlende Gleichstellung im Außen gesucht werden, sollten wir deshalb zuallererst bei uns selbst nachfragen, inwieweit Probleme hausgemacht sind.
Dabei ist wichtig, zu erkennen, wie belastbar, ehrgeizig, lebenserfahren und selbstsicher eine Persönlichkeit überhaupt ist. Auch wen wir als Partner in Betracht ziehen, ist von immenser Tragweite und Bedeutung.

Solange Frauen Schutz suchen oder Partner attraktiv finden, die in irgendeiner Form „über“ ihnen stehen, haben wir ein Problem. Solange Frauen ihren Mann als Macher, klugen Kopf, Beschützer, Held, Ernährer usw. anhimmeln, kann keine Veränderung für sie selbst stattfinden.
Auch Männer, die Frauen als Trophäe, schmückendes Beiwerk, Prinzessin, kleine Schwester, Groupie, geduldige Zuhörerin, Schülerin oder Mama-Ersatz wahrnehmen, verfestigen auf diese Art alte Rollenvorstellungen.
Solange weibliche Unabhängigkeit und Intelligenz Männer einschüchtert, weil dann vermeintlich etablierte Machtverhältnisse nicht mehr gegeben sind, bleibt die Gesellschaft hinter ihren eigenen Ansprüchen zurück.
Auch wenn Männer in umgekehrten Rollen schwächlich erscheinen und für Frauen unattraktiv sind, wird Gleichstellung nicht ermöglicht.

Archaische Ansichten, wie Sicherheit durch Wohlstand, unbewusste Partnerselektion zwecks optimierter Fortpflanzung und das generelle Streben nach Macht, behindern die gesellschaftliche Entwicklung nach wie vor.

Auch fehlende Selbstliebe oder der Ausgleich eigener charakterlicher Schwächen durch den Partner behindern die persönliche Entwicklung. Eine lediglich soziologisch und politisch angestrebte Chancengleichheit kann es vor diesem Hintergrund nicht geben.

Hinzukommt: Viele Frauen kreisen in ihrem Alltag beständig um Schönheit und geschlechtliche Spannungsfelder. Frappierenderweise tendenziell verstärkt, wenn die fruchtbare Zeit vorbei ist. Auch Zeitschriften-Artikel über die Lust am Flirten bestätigen: Vor allem in der Lebensmitte, wenn die Attraktivität und Vitalität abnimmt, scheinen Frauen begehrliche Männerblicke zu vermissen.
Ich frage mich, wie das ursprünglich dienliche Verhalten zur Arterhaltung noch zum heutigen Selbstverständnis von Emanzipation und Gleichstellung passt.
Sogar manche Feministinnen äußern Selbstzweifel, wenn sie sich und andere Frauen beobachten, weil auch sie sich nicht von Schönheitsidealen, weiblichem Wettbewerb und geselligem Geschlechter-Frohsinn freimachen können.
Feuchtfröhliches Mitsingen von frauenverachtenden Texten in Bierzelten, präsentiertes „Holz vor der Hüttn" im feschen Dirndl und sexistisches Verhalten auf beiden Seiten, lässt Gleichstellung ziemlich alt aussehen. Selbst eingefleischte Feministinnen, die gerne ihre Brüste aus provokativen Gründen blank ziehen, können da keine feministischen Freiheitsmomente mehr erkennen.

Grundsätzlich möchte ich hinterfragen, ob uns eigentlich bewusst ist, was wir da als gesellschaftlichen Konsens immer noch abnicken. Kann es Gleichstellung geben, wenn weiblicher Attraktivität und geschlechtlicher Interaktion ein so hoher Stellenwert beigemessen wird? Frauen verhalten sich in meinen Augen schizophren, wenn sie sich zwischen erlernten Verhaltensmustern, biologischen Zwängen, Emanzipation und Feminismus selbst aus den Augen verlieren und für sich dabei keine klare Positionierung einnehmen. Betrachten Frauen ihr Leben möglicherweise gerne vom jeweiligen Moment aus und stellen vor diesem wechselnden Hintergrund Forderungen? So können sie sich immer das rauspicken, was ihnen gerade richtig erscheint: „Sieh mich an", aber bitte nicht am Arbeitsplatz oder nur, wenn das weibliche Ego es braucht. Alles andere ist sexuelle Belästigung. Oder?

Ich denke, dass der Gleichstellungsanspruch nur in den richtigen Kontext gesetzt werden kann, wenn man vor Augen hat, wie Frauen sich selbst definieren und verhalten.

Schauen wir uns das Thema „Aussehen und Schönheit" an, stellen wir fest: Keine der vorherigen Frauengenerationen hat so vehement nach Bestätigung verlangt, wie die Generation „Instagram". Ich kann darin keine Emanzipation erkennen. Und zeitgleich fallen mir in den Medien die jungen und hübschen Frauen mit prominenten oder mächtigen alten Männern auf.

Weibliche Jugend und Schönheit wird gesellschaftlich weiterhin als „Wert" gehandelt und definiert Frauen auf einseitige und nicht mehr zeitgemäße Weise.

Vielleicht müssen wir Frauen, wenn wir wirklich ernst genommen werden wollen, auch bereit sein, etwas, das uns bisher vermeintlich ausgemacht hat, abzugeben: Unsere Fragilität, unsere Weiblichkeit und Attraktivität.

An diesem Punkt werden einige Frauen vielleicht schlucken. Schließlich kann es auch Spaß machen, mit dem Aussehen zu spielen, Wirkung zu erzielen, in Rollen zu schlüp-

fen, sich zu schmücken und selbst zu gestalten. Wenn hierfür das Publikum abhanden käme, wären sicher nicht alle glücklich. Manche emanzipierte Frau macht sich jedoch genau aus den vorgenannten Gründen nicht hübsch, eben weil sie es ablehnt, dass Aussehen und Schönheit in unserer Gesellschaft immer noch ein maßgeblicher Faktor für Anerkennung, Partnerfindung, Sympathie und Erfolg sind.
Szenarien, in denen eine attraktivere Mitbewerberin vorgezogen wird, sind im Job keine Seltenheit. Wohlgemerkt bei gleichen Fähigkeiten und Qualifikationen.
Auch provokante Bemerkungen werden von einer nichtgutaussehenden Frau weniger gerne gehört, als von einer Person, die hübsch *und* klug ist.
Wie viel nutzt es vor diesem Hintergrund, möglicherweise qualifizierter und klüger als andere Frauen zu sein, wenn die Gesellschaft weiterhin nach oberflächlichen Kriterien agiert? Hier gilt es als Frau stets wachsam zu bleiben.

Solange eine selbstbewusste, als nicht hübsch geltende Frau bei Debatten durch Bemerkungen wie: „Die hat Haare auf den Zähnen“, „Was für eine Zicke“, „Mit der ist nicht gut Kirschen essen“, abqualifiziert wird und eine junge hübsche Frau aufgrund der gleichen Aussagen in die Kategorie: „Redegewandt, selbstbewusst, frech“ eingestuft wird, haben wir ein gesellschaftliches Problem, denn Männer bleiben in der öffentlichen Wahrnehmung bei den gleichen Bemerkungen meistens nur eins: Männlich, zielorientiert und kompetent.
Unattraktive Männer können sich oberflächlich betrachtet möglicherweise mittels unterstellter Attribute ins Trockene bringen: Hässlich – aber reich, intelligent, charmant oder stark. Bei Frauen funktioniert das so nicht. Eher ginge das

in diese Richtung: Hässlich – aber dienlich, warmherzig, die Bedürfnisse des Mannes abdeckend.

Wir sollten es nicht zulassen, dass die Frage: „Bin ich hübsch, bin ich liebenswert, bin ich gut genug", uns Frauen tagtäglich umtreibt und in unserer Unabhängigkeit und Schaffenskraft behindert.

An dieser Stelle möchte ich *Dr. phil. Helga Krüger-Kirn* erwähnen, die im Umgang mit Mädchen eindeutigen Handlungsbedarf sieht: *„Eltern, Lehrerinnen und Lehrer und andere Menschen in pädagogischen Einrichtungen können bei ihrer Sprache ansetzen und Mädchen und junge Frauen nicht mehr so oft auf ihr Aussehen ansprechen. Es ist ganz wichtig, dass im Alltag wirklich ein Bewusstsein dafür entsteht."*

Ich denke, bei der Selbstbewertung und auch dem Umgang mit Mädchen müssen wir generell gut aufpassen. Denn: Eine früh erlernte Abhängigkeit von der Bewertung anderer schwächt das weibliche Geschlecht enorm.

Rollenerwartungen

Obwohl Mädchen, vor allem während der Pubertät, häufig reifer, selbstbewusster und manchmal sogar vorlaut erscheinen, verliert sich dieser vermeintliche Vorsprung im weiteren Verlauf schnell.

Hinlänglich bekannt ist: Die Bereiche „Kommunikation und Sozialleben“ wurden schon immer von Frauen besser bedient, das Ausprobieren der weiblichen Rolle gehört ganz selbstverständlich zur Pubertät. Doch solange sich Frauen überwiegend über ihr Äußeres und ihre weibliche Seite definieren und definiert werden, ist nicht nur das Selbstwertgefühl in Gefahr, sondern auch ein wichtiger Grundstein für Gleichstellung nicht gegeben.

Männer hingegen positionieren sich überwiegend über öffentliche Anerkennung, über Erfolg. Sie suchen die Herausforderung, sie lernen mit dem Scheitern umzugehen, sie wachsen an erreichten Zielen und verfügen so über einen beständigen Zuwachs an Selbstvertrauen.

Wie wichtig ein gesundes Maß an weiblicher Selbstliebe ist, um die eigene Belange überhaupt umsetzen zu können, zeigt die Nachfrage und die große Auswahl gängiger Ratgeberliteratur, beispielsweise dieser Titel: *„Liebe dich selbst und es ist egal wen du heiratest“* – in diesem Buch von *Eva-Maria Zurhorst* werden Muster aufgedeckt, die aufzeigen, dass alte Verletzungen und die Erwartungshaltung häufig das grundlegende Problem in Beziehungen sind und nicht der Partner. Dieser Ansatz lässt sich auch auf den Arbeitsplatz übertragen. Eine neuere Auflage, diesmal gemeinsam geschrieben mit der erwachsenen Tochter Annalena zeigt jungen Frauen, wie sie klare Grenzen setzen und sich selbst wertschätzen können.

Im Bestseller *„Ungezähmt"* der Autorin *Glennon Doyle* wird ebenfalls dieser weibliche Hang, es allen recht machen zu wollen, beschrieben: Wie sie seit ihrem zehnten Lebensjahr danach strebte, gut zu sein. Eine gute Tochter, eine gute Freundin, eine gute Ehefrau. Doch dieses Streben hinterließ bei ihr zunehmend ein Gefühl von Müdigkeit, Über- und Unterforderung.
Die Autorin fasst zusammen, wie Frauen das *„Jasagen"* in unserer Gesellschaft regelrecht anerzogen wurde. Folgsam sein, im Hintergrund bleiben, möglichst nicht stören und dabei nett aussehen. Dieser weibliche Verhaltenskodex mag heutzutage antiquiert erscheinen, doch ob das neue Selbstverständnis von Frauen Bestand hat, muss sich erst noch bewahrheiten.
Unternehmensberaterin *Andrea Weidlich* setzt mit ihrem Buch genau an diesem Punkt an: *„Wo ein Fuck it, da ein Weg: Wie plötzlich alles möglich wird, wenn du aufhörst, es allen recht zu machen"*.
Auch *Caroline Rosales* Buch *„Sexuell verfügbar"* erzählt nah an ihrer eigenen Geschichte, wie bereits kleine Mädchen darauf konditioniert werden, lieb und höflich zu sein und dem Onkel doch ein Küsschen zu geben. Bis aus diesen Mädchen Frauen werden, die mehr auf das Gegenüber achten, als auf sich selbst.

Wenn nicht aktiv dagegen gesteuert wird, setzen sich diese, im Kindesalter gelernten, Muster fort.
Weibliche Zurückhaltung ist in manchen Kulturen sicher stärker ausgeprägt als in anderen, dennoch ist dies eines der grundlegenden Übel, wenn es um die Selbstsicherheit und Sichtbarkeit von Frauen geht. Und Bescheidenheit gilt auch in unserem Kulturkreis immer noch als weibliche Zier.

Wenn ich beispielsweise eine erfolgreiche und gestandene YouTuberin sehe, die bei ihrer vorgetragenen freundlichen Aufforderung zur monetären Wertschätzung ihrer Arbeit ins Stottern gerät, ist dies im Hinblick auf weibliches Selbstbewusstsein entmutigend: Als ob diese Frau diese Zuwendung nicht verdient hätte, als ob es ihr unangenehm wäre, etwas für sich zu fordern.

Den eigenen Wert kennen die wenigsten Frauen. Dieses Phänomen lässt sich auch in Gehaltsverhandlungen beobachten.

Alte Verletzungen und Glaubenssätze schränken die Handlungsfähigkeit ein und machen Frauen bedürftig. Unbewusst wird dann die Interaktion mit der Außenwelt oder dem Partner gesucht, um zu finden, was fehlt: Liebe, Ausgleich und Bestätigung. Nicht umsonst existieren Bücher mit dem Aufruf: *„Suche dir jemanden, der dir guttut“*. Nörgeln tun wir Frauen doch selbst schon zur Genüge.
Mit Selbstzweifeln und mangelnder Selbstliebe beschäftigen sich daher aus gutem Grund immer mehr Menschen in Podcasts, Büchern aber auch im Coaching.
Trotzdem möchte ich an dieser Stelle kurz aber ganz ausdrücklich ebenfalls darauf hinweisen: Ohne ein stabiles Selbstwertgefühl können wir Frauen für uns selbst nur wenig verändern. Da reicht es auch nicht, dass wir uns emanzipiert fühlen. Wenn in unserem Leben die Weichen durch die Umstände, durch Reagieren statt Agieren, ständige Rücksichtnahme oder Entscheidungsangst gestellt werden, dann bleibt für uns selbst kaum noch etwas übrig.
Statt immer wieder wegzusehen oder Stereotype von uns zu geben, sollten wir aktiv daran arbeiten, eigene Handlungs-

räume zu erschließen und unser Leben als wertvoll erachten. Wer stattdessen unablässig unsicher ist, bei dem was gerade gefühlt, gedacht, gesagt oder getan werden muss, der hat durch das ständige Abgleichen einen enormen Energieverlust. Misstrauen sich selbst und der Welt gegenüber verführt dazu, sich mit der Außenwelt, aus Angst vor Ablehnung, nicht mehr verbinden zu wollen.

Wer keinen Selbstwert hat, der glaubt auch nicht, dass ihm etwas im Leben zusteht. Übergriffe werden hingenommen, Aufgaben abgearbeitet, Erfolge als Zufall deklariert und Wettbewerb vermieden.

Im Stillen konzentrieren sich viele Frauen leider darauf, was andere möchten, weil sie überhaupt nicht wissen, was sie selbst eigentlich wollen. Sie werfen beliebig (Beziehungs)-Anker aus, machen die Themen anderer zu ihren, erliegen dem Helfersyndrom oder gehen einfach in den an sie herangetragenen Aufgaben auf, ohne eigene Wünsche zu definieren. Frauen folgen immer noch viel zu oft den Zielen von Männern, bleiben im Hintergrund und arbeiten zu. Davon sind Männer im Allgemeinen weit entfernt. Sie wissen meistens genau was sie wollen und sexistische Zungen behaupten sogar: Nur das Eine.

Sogar mit Versagensangst können die meisten Männer besser umgehen, weil sie es von klein auf gewohnt sind, dass sie in den Mittelpunkt gestellt werden, Anforderungen gerecht werden, gewinnen wollen und auch müssen.

Ein Beispiel aus dem Berufsleben: Akademikerinnen suchen statistisch belegt weitaus häufiger eine Tätigkeit unterhalb ihrer fachlichen Qualifikationen, wohingegen arbeitslose Männer auch ohne Berufsabschluss im direkten

Vergleich nach einer Tätigkeit überhalb ihres Qualifikationsniveaus streben. Dies hat viel mit dem Selbstwertgefühl und der eigenen Einschätzung von Leistungsfähigkeit zu tun. Resultierend aus der Selbstwahrnehmung bewerben sich Frauen seltener als Männer auf Stellenanzeigen, die nicht vollständig ihren Qualifikationen entsprechen.
Statt zu sagen: „Ich traue es mir zu, später eventuelle Lücken zu füllen“, fragen Frauen eher: „Schaffe ich das überhaupt?“ und „Wer macht eigentlich das, was zuhause alles liegen bleibt?“
Männer hingegen leben überwiegend in dem unerschütterlichen Glauben: „Wird schon schiefgehen!“ und bewerben sich auf gut Glück. Sie scheinen auch wesentlich weniger Hemmungen zu haben, fremde Menschen ihren Dreck wegräumen zu lassen, Fastfood zu bestellen und mal fünfe grade sein zu lassen. Zu diesem Phänomen habe ich ein eigenes Kapitel verfasst. Und auch wenn ich meine, dass die Bescheidenheit, Sensibilität und das reflektierte Vorgehen von Frauen nicht abzuqualifizieren ist, kann das folgende Männer-Klischee schon ein bisschen Neid hervorrufen.

Männer!

Bei aller vorangegangener Problemwälzerei denke ich: Wir Frauen müssen einfach lockerer werden!
Erreichen lässt sich dies bestimmt durch eine gute Portion Oberflächlichkeit, gepaart mit strotzendem Selbstbewusstsein und der Gabe auch Misserfolge wegzustecken.
Männer mobilisieren Energie für scheinbar Sinnloses und haben jede Menge Spaß.

Sie nehmen sich selbst und ihre Umgebung nicht so ernst.
Sie blenden Unangenehmes einfach aus.
Sie malen um jeden Mückenstich ein Ausrufungszeichen und übergießen sich danach mit eiskaltem Bier.
Sie sehen nicht gut aus, sondern männlich.
Sie machen es sich bequem.
Sie finden ihren Bierbauch in Ordnung.
Sie leben ihre Leidenschaften aus.
Sie geben ihrem Spieltrieb nach.
Sie haben Hobbys. Sie üben diese bis zum Exzess aus.
Sie ignorieren ihre Grenzen.
Sie geben nicht auf und stellen Fehlschläge auf YouTube.
Sie verknüpfen Dinge, die nicht zusammengehören.
Sie geben sich nicht mit dem Gewöhnlichen zufrieden.
Sie machen aus einer schlechten Situation eine lustige.
Sie surfen in Überschwemmungsgebieten.
Sie vertrauen ihrem Körper und machen alles, was man nicht tut.
Sie trinken kaum Tee und warten nicht ab.
Sie zergrübeln nicht alles, sondern machen einfach.
Sie heben Probleme auf eine andere Ebene, bis sie ausgesessen, transformiert oder in Bier ertrunken sind.

Dass ich im nächsten Leben auf jeden Fall ein echter Kerl werde, ist also beschlossene Sache. Einfach so und ohne Hintergedanken. Oberflächlich, widersprüchlich und ganz bei mir selbst. Und natürlich sexy.
Wenn schon, denn schon.
Betrachte ich jedoch das „Mannsein“ etwas ernster, zeigt sich das Problem, dass es unserer Gesellschaft häufig keine Anerkennung dafür gibt, wenn Männer sich nicht nach männlichen Klischees orientieren.
Wenn sie abwartend, sensibel und führsorglich sind oder weiblich orientierte Arbeiten übernehmen.
Wen wundert es, dass Männer sich scheuen, mehr Verantwortung im häuslichen Bereich oder in den schlechtbezahlten Frauenberufen zu übernehmen, wenn sich dies negativ in der Wahrnehmung der breiten Masse niederschlägt und eventuell sogar durch ein vermindertes Einkommen und Ansehen Einfluss auf die Partnerfindung haben könnte?
Fürsorglichkeit, die weiterhin dem weiblich-mütterlichen Sektor zugeordnet wird, scheint immer noch etwas Besonderes zu sein, wird höchstens von Vätern erwartet oder als verstaubte Ritterlichkeit abqualifiziert.
Häufig wird situationsbedingt eine sexualisierte Zielverfolgung, Berechnung, männliche Schwäche oder Homosexualität unterstellt, die es Männern fast unmöglich macht, einfach nur nett zu sein:
„Der will sie nur ins Bett kriegen.“
„Wer weiß, was sie im Gegenzug dafür tun muss.“
„Die spielt wohl die Prinzessin.“
„Er steht unter dem Pantoffel.“
„Der hat keine Eier.“
„Der ist doch ein Wolf im Schafspelz.“
„Der liebt sie wohl abgöttisch.“

Männer, die einer Frau die Tür aufhalten, werden angeblafft: „Das kann ich selbst!" und freundliches männliches Verhalten wird vor allem im Job unter strengem Blick auf mögliche Bevormundung, Gönnerhaftigkeit und unerwünschtes Balzverhalten abgeklopft.

Dieses ablehnende Verhalten kommt aufgrund der übersensiblen Hellhörigkeit von emanzipierten Frauen immer wieder vor und steht der Entwicklung von Männern und ihrer guten Beziehung zu Frauen entgegen.
Weibliche Persönlichkeitsanteile können sich vor diesem Hintergrund weniger gut entwickeln, wenn Männer stets auf die Auslegung ihres Tuns achten müssen.
Dies ist tatsächlich eine Gratwanderung, doch mehr Achtsamkeit, Respekt und Anerkennung würden uns im Umgang miteinander gut tun.
Verhärtete Fronten entstehen durch Schuldzuweisungen und Missverständnisse.
Nicht nur Männer müssen ihre Rolle überdenken und klar kommunizieren, sondern auch wir Frauen.

Unbeschreiblich weiblich?

Leider hat der Einwand, dass es inzwischen viele selbstbewusste und zielorientierte Frauen gäbe, wenig Bestand. Die Medien und auch das neue weibliche Selbstbild suggerieren zwar ein neues Frauenbild, doch beschränkt sich dies in der Realität nur auf eine eng umrissene Altersgruppe und Bildungsschicht, deren Wirken sich offensichtlich noch nicht in den Zahlen des Statistischen Bundesamts niederschlägt.
Der Großteil der Frauen scheint sich stattdessen immer noch in anderen Lebensbereichen einzubringen, denn ihr Anteil an wirtschaftlich relevanten Berufszweigen ist nach wie vor zahlenmäßig nicht repräsentativ.

Auch wenn moderne Paare wirtschaftlichem Erfolg teilweise ganz bewusst den Rücken kehren, gibt es eine noch nicht ausgeglichene Gewichtung von Aufgaben- und Interessensbereichen innerhalb der Lebensgemeinschaft, die beim Scheitern der Beziehung nachteilige Konsequenzen für die Unabhängigkeit der Frau impliziert.
Dass die Work-Life-Balance allgemein wichtiger geworden ist, können Personalberater bestätigen. Doch der Wandel zu mehr Sinnhaftigkeit findet bislang keinen ausreichenden Widerhall in der Ausgestaltung von Stellen: Hierfür bräuchte es Frauen und Männer, die an der Spitze eines Unternehmens für dieses Modell einstehen und dafür Lösungen finden.
Frauen scheint im Allgemeinen die Bestätigung durch beruflichen Erfolg und finanzielle Unabhängigkeit nicht so wichtig zu sein, da sie ihre Prioritäten immer noch überwiegend in Richtung ihrer Werte, dem Partner und der Familie verschieben. Das Frappierende ist: Von Frauen

wird die daraus resultierende (finanzielle) Abhängigkeit kaum wahrgenommen, denn das gemeinsam erwirtschaftete Haushalts-Budget unterliegt häufig ihrer Hoheit und die Absprachen darüber verlaufen auf Augenhöhe.

Auch aus meiner Beobachtung heraus, bestimmen in Familien und Partnerschaften häufig die Frauen, was gekauft wird, wohin die Reise geht und in welche Werte investiert wird. Frauen sind Work-Life-Balance-Managerinnen, halten die Familie am Laufen und sorgen als Ehefrau auch heute noch für gesellschaftliches Ansehen und soziale Kontakte. Das Resultat: Frauen reduzieren sich selbst auf die Dienlichkeit für alles und jeden, bis sie in ihrer (vermeintlich?) perfekten Welt leben, sich fallweise beruflich selbst nichts mehr zutrauen und zufrieden mit dem sind, was sie haben.

Warum aber finden sich so viele Frauen früher oder später in diesem Szenario wieder? Selbst Frauen, die gleichzeitig ihre Karriere verfolgen, gestalten meiner Beobachtung nach nebenbei auch die Paarbeziehung, Familie und alles andere und sorgen so indirekt für alle.

Gerade bei glücklichen und gutsituierten Lebensumständen fällt die Entscheidung für eine Karriere schwer, weil sich das zusätzliche Gehalt nach allen Steuern, nötigen Anschaffungen und zusätzlichen Kosten für ausgelagerte Familienmanagement-Tätigkeiten nicht wirklich „rechnet".

Vor allem nicht in Teilzeit oder im Niedriglohnsektor.

Das mögliche Scheitern der Beziehung, die Konsequenzen einer nicht unermüdlich verfolgten Karriere, sind für viele Frauen nicht greifbar genug.

Die eigene Komfortzone wird zudem nur ungern verlassen.

Der Unwille Einbußen im „jetzt" für eine gleichberechtigte und unabhängigere Zukunft hinzunehmen, ist nur allzu

menschlich. Sich weiterzubilden, auch berufliche Krisen zu meistern und der daraus resultierende fehlende berufliche Wettbewerb lässt Frauen beruflich schnell ins Aus rutschen. Hinzu kommt, dass Frauen überwiegend die Hüter von erreichten Standards sind, sie sind weniger risikobereit, umsichtiger in Gesundheits- und Finanzfragen und möchten in ihrem „Reich“ unter allen Umständen durch geschickte Lebensplanung die Kontrolle behalten.
Zwar kennt jeder Frauen die nicht so agieren, doch die sind offensichtlich in der Minderheit.
Fraglich bleibt, warum sich etwas ändern sollte, wenn Frauen auf die althergebrachte Art sogar mehr Lebendigkeit und Autonomie für alle erschaffen können.
Mir geht es nicht darum, dieses Verhalten als gut oder schlecht zu klassifizieren, sondern ich möchte, dass mehr Selbstwirksamkeit stattfinden kann, wenn die eigene Haltung erkannt und hinterfragt wird.

Beobachtet habe ich bei mir selbst und anderen: Frauen sind Bedenkenträger. Mit der typisch weiblichen Negativ-Liste, was Frauen alles nicht wollen oder gutheißen, könnte aneinandergereiht sicher die ganze Welt umrundet werden.

Mit der ureigenen weiblichen Analyse von dem, was alles nicht stimmt, verschwenden wir jedoch wertvolle Lebenszeit – bloß, um uns das möglichst vom Hals zu halten.
Stattdessen wird aus dem sicheren Zuschauerraum lieber das Bühnengeschehen kommentiert. Bühnenkritik ist bekanntermaßen ja auch viel einfacher, als selbst auf der Bühne zu stehen. Deshalb möchte ich an alle Frauen appellieren: Wer scheitert, mag zwar hin und wieder ins Minus geraten, aber wer nichts wagt, bleibt immer bei Null und

wer im Gegenteil stets mit dem Schlimmsten rechnet, gerät auf der Gefühlsebene ins Minus und damit in die angstbesetzten Handlungsunfähigkeit.
Wer perfektionistisch ist, jedes Wort und jede Tat auf die Goldwaage legt und für alles im Leben gleich einen Grund parat hat, der baut um sich selbst einen Käfig der Unfreiheit. Auch wer aus Angst vor Verurteilung und dem Nichtgenügen nicht gewillt ist, sich zu zeigen, wird nicht gesehen. Liegt in diesem weiblichen Verhaltensklischee möglicherweise die fehlende Präsenz von Frauen in Führungspositionen begründet? Möchten wir nicht im Mittelpunkt stehen, sind wir lieber bescheiden, verstecken uns oder hassen uns schlimmstenfalls sogar selbst?
Leider sind es überwiegend immer noch Frauen, die versuchen, nicht aufzufallen, sich anzupassen und ihre Belange hintenanzustellen. Selbstverständlich gibt es auch den anderen Typus: Egomaninnen, dummdreiste Frauen, Prinzessinnen. Für jedes Klischee existieren die passenden Vertreterinnen, doch bei der Fragestellung nach „fehlender Emanzipation“ fällt vor allem eines ins Gewicht: Das, was Frauen von sich selbst halten.
Ich möchte an dieser Stelle noch einen Schritt weiter gehen, denn es gibt einen Zusammenhang in der Verkettung von Gefühlen, Gedanken, Worten und Taten, die in der Summe die menschliche Handlungsfähigkeit ausmachen. Ich habe darum ein bekanntes Sprichwort um die erste Zeile ergänzt.

„Achte auf Deine Gefühle, sie werden Deine Gedanken“.
„Achte auf Deine Gedanken, sie werden Deine Worte.
Achte auf Deine Worte, sie werden Deine Taten.
Achte auf Deine Taten, sie werden Deine Gewohnheiten.
Achte auf Deine Gewohnheiten, sie werden Dein Charakter.“

Und: „Achte auf Dich und verliere Dich nicht in der Außenwelt und in dem, was sie an Dich als Problemstellung heranträgt, denn das entfernt Dich von Dir selbst!"

Viel zu oft setzen Frauen unbewusst die Prioritäten zugunsten anderer oder dem allgemeinen Konsens.
Sie wollen nicht anecken, vielleicht auch einem Bild entsprechen, bloß nicht zu Unrecht verurteilt werden und möglichst keine „Zicke" sein. Manche Frauen entwickeln ein idealisiertes Selbstbild, dem eigentlich kein normaler Mensch gerecht werden könnte. Auch Podcast, Bücher und Aufklärungsformate, die unrealistische und diskriminierende Schönheitsideale kritisieren, machen auf die gravierenden Auswirkungen von gedanklicher Selbstverurteilung aufmerksam. Aber auch die vermeintlichen Gedanken anderer machen uns Frauen Probleme: Bevor jemand schlecht über uns denkt, möchten wir das Urteil schon im Vorfeld einfangen, es ausbremsen oder wenigstens eine Verteidigungsstrategie parat haben. Probleme sollen eliminiert werden, bevor sie da sind, weil dies den Stress aus allem nehmen könnte – so die Theorie.
Doch Stress entsteht im Gegenteil durch das immer neue Durchdenken und Optimieren von Szenarien, die noch gar nicht da sind. Wer kein Vertrauen zu sich selbst und anderen hat, wird unflexibel, freudlos und rutscht in den starren Erledigungsmodus. Aus Angst, möglicherweise selbst die Konsequenzen tragen zu müssen, übernehmen vor allem Mütter viel zu viel Verantwortung.

Ich denke, dass wir Frauen auf jeden Fall Differenzieren lernen müssen, wann wir aus einer Rollenerwartung zurückstecken und wann es Menschlichkeit und Rücksicht-

nahme erforderlich machen. Es geht nicht darum, im falschen Egoismus über das Ziel hinauszuschießen, doch besser Hinsehen sollten wir schon. Auch, um der nachfolgenden Generation ein gutes weibliches Vorbild zu sein.

Sehr dominante Frauen, die krampfhaft auf sich aufmerksam machen, sich wichtig tun, wenig Sympathie erzeugen und andere übergehen, gibt es. Doch die Frage ist: Sind das nicht eher Ausnahmen? Und betrifft dies vielleicht nur bestimmte Berufszweige und Gesellschaftsschichten?
Oder fällt uns dieses Verhalten deshalb so unangenehm auf, weil wir es eher von Männern erwarten und auch dulden? Fallen wir möglicherweise auf die althergebrachte Ansicht herein, dass selbstbewusste Frauen nerven? Es wäre ein guter Gradmesser, wenn wir zwischendurch innehalten könnten und uns fragen:

„Würde ich die Situation anders bewerten, wenn der Protagonist ein Mann wäre?“

Vielleicht sollten Frauen ihre Sensibilität und die Antennen für die Befindlichkeiten anderer lieber künftig stärker auf sich selbst ausrichten. Müssen wir wirklich die Besten sein im „Zwischen den Zeilen lesen“, im Interpretieren, im „Von den Augen ablesen“ und im „Raum geben“? Müssen Frauen zwischen den Geschlechtern immer noch die Verantwortung dafür übernehmen, wie Kommunikation abläuft?
Weibliches Harmoniebedürfnis, auch unter dem Stichwort „Glattbügeln“ bekannt, gehört auf den Prüfstand. Vielleicht sollten wir nach männlichem Vorbild einfach mal mehr „Schweigen und Aussitzen“.

Gründe zu finden, warum irgendwas nicht geht, darin sind wir Frauen Meisterinnen, oder?
Dabei sind eigene Ziele immens wichtig, um ein selbstbestimmtes Leben zu führen. Auch das Ego wird so gestärkt, denn ein Ziel zu haben, bedeutet, Stellung beziehen zu müssen und sich immer wieder selbst zu coachen: „Das werde ich schaffen, weil (...)".
Für mich gab eine simple Frage aus der Persönlichkeitsentwicklung einen positiven Anstoß. „Was würdest du tun, wenn du damit nicht scheitern könntest?"
Es war sehr schwer für mich, alle Bedenken über Bord zu werfen und zu erkennen: Nur wer wagt, gewinnt!
Ohne klar benannte Ziele gab es in der Vergangenheit auf den ersten Blick für mich zwar wenig zu verlieren, nur leider auch nichts zu gewinnen.
So saß ich allein am Schreibtisch und dachte beim Tippen: „Dafür interessiert sich doch nun wirklich niemand. Wenn du wenigstens *Frau Spitzen-Moderatorin* wärst, dann vielleicht." Der Selbstboykott nörgelte in meinem Hirn herum, bis ich endlich ein Machtwort sprach und meine negativen Gedanken aktiv in positive umwandelte, denn leider gehöre auch ich zu den Frauen, die vieles im stillen Kämmerlein mit sich selbst ausmachen und danach die kläglichen Überreste einfach beiseite wischen.

Und damit bin ich nicht alleine: Leider speichert das menschliche Gehirn, und scheinbar vor allem das weibliche, tagtäglich am liebsten die negativen Beurteilungen und Rückschlüsse ab, einfach deshalb, weil diese Fähigkeit in grauer Vorzeit evolutionsbedingt überlebensnotwendig war.

Das Haar in der Suppe finden wir jedenfalls auch heute noch mit hundertprozentiger Sicherheit. Wegen dieser verstaubten Macke sitzt uns also tagtäglich die ganze flüsternde Gesellschaft der abgespeicherten Negativbotschaften quietschvergnügt im Nacken und sorgt dafür, dass wir entsprechend fühlen, denken und handeln.
Laut der Deutschen Depressionshilfe hat übrigens mindestens jede vierte Frau in ihrem Leben eine Depression, aber nur einer von acht Männern. Vielleicht geben die ihre Depressionen ja einfach nicht zu. Rollenverhalten macht schließlich auch vor Krankheiten nicht Halt.

Inzwischen gibt es zahlreiche Publikationen, wie negativen Gedanken ein Riegel vorgeschoben werden kann und warum das gesund ist. Wir müssen und sollten nicht in einer selbstprophezeienden Negativspirale gefangen bleiben.
Mein Tipp: Notorischen Schwarzmalerinnen, kann es helfen, eine zeitlang sämtliche Befürchtungen und Sorgen schriftlich festzuhalten und dahinter das real eingetretene Ergebnis zu schreiben. Erstens wird dadurch der Kopf wieder frei und zweitens kann sich so mehr Zutrauen festigen. Nicht nur der Glaube versetzt Berge, sondern auch das Wissen darum, dass am Ende immer alles gut gegangen ist oder wir erst später wussten, wofür eine Erfahrung gut war.

Im Gegenzug zu diesem allseits bekannten *Placebo-Effekt* wurde in einer Studie nachgewiesen, dass es auch einen direkten Zusammenhang zwischen der negativen Einstellung eines Patienten und der Wirksamkeit eines Medikaments gibt. Der Nocebo-Effekt, bei dem Angst und negative Erwartungen zu realen Beschwerden führen, existiert demnach wirklich. Bekannt wurde, dass in Amerika ein männlicher Patient in Suizidabsicht so fest an die vermeintliche Überdosis glaubte, dass er mit schweren körperlichen Symptomen auf die Intensivstation eingeliefert werden musste. Dabei hatte er als Teilnehmer einer Medikamenten-Studie nur das Scheinmedikament (den Placebo) genommen.[1] Wenn wir uns also bewusst machen könnten, dass *Negatives Denken* tatsächlich unsere Lebensrealität beeinflussen kann, würden wir vielleicht mit dem wissenschaftlich nachgewiesenen Nocebo-Effekt vorsichtiger umgehen.

Auch ich beobachte mich jetzt häufiger selbst, rufe mich zur Ordnung, wenn Perfektionismus, Selbstkritik und Kontrollsucht zu Energie-Räubern werden, und staune, wie oft ich im Alltag alles durch die negative Brille sehe und wie schön das Leben eigentlich sein könnte.

Negative Gedankenspiralen sind kein guter Nährboden für ein stabiles Selbstbewusstsein. Nur wer sich selbst gut kennt, wer genügend Selbstvertrauen hat, ist für das Leben und eine Partnerschaft auf Augenhöhe gut gerüstet.

---

[1] Quelle: Planet Wissen/ Prof. Ulrike Bingel

Von Null auf Paarlauf

In der Fachwelt ist nach wie vor strittig, inwieweit Frauen und Männer ihren biologischen Zwängen und ihrer „Hardware“ ausgeliefert sind. Das Thema Gleichstellung bleibt aus diesem Grund weiterhin Auslegungssache.
Täglich gibt es neue Studien, Erkenntnisse und gesellschaftliche Übereinkünfte. Auch das dritte Geschlecht (divers) war vor gar nicht so langer Zeit eine Grauzone ohne Rechtsanspruch und ist auch heute noch nicht wirklich in unseren Köpfen „angekommen“. Trotz dieses beständigen Wechsels unserer Kultur und unserer Werte fasse ich hier zusammen, was sich meiner Beobachtung und Interpretation nach seit Jahren nicht verändert hat.
Mein Fokus liegt auf der Frage: Warum verlieren sich Frauen trotz aller Möglichkeiten und erreichter Emanzipation immer noch selbst aus den Augen?
Die von vielen angeprangerte fehlende Gleichstellung ist auf eine unübersichtliche Vielzahl von Punkten zurückzuführen. Die Themen bedingen sich untereinander: Parallel ablaufende Muster und Szenarien können auch hier nur in linearer Folge dargestellt werden. Ich möchte deshalb mit einem Schlüsselproblem von Frauen beginnen, das viele überhaupt nicht auf dem Schirm haben, da sie sich selbst als gleichgestellte Person sehen und fehlende Entwicklungsmöglichkeiten eher im Außen suchen:
Der problematische Umstand, der weiblichen Idee von Partnerschaft, sozialen Beziehungen und Familie.

Dummerweise fängt der Wunsch zum Paarlauf bereits so früh an, dass sich die meisten Frauen selbst noch gar nicht ausreichend entwickeln konnten. Die geforderte Chancengleichheit kann so nicht zum Tragen kommen. Denn Chancen können nur ergriffen werden, wenn Frauen eigene Ziele definieren, ihr Handeln selbst besser verstehen und bewusster steuern können.

Es mag schon schwer genug sein, einen Partner zu finden, der uns liebt. Doch viel grundlegender ist es, wie wichtig wir uns selbst nehmen und wie gut wir uns kennen. Ausgehend von einem gesellschaftlichen Konsens, in dem die Emanzipation der Frau anerkannt ist, interessiert mich vor allem die Frage: Wie wählen Menschen ihre Partner und was passiert im weiteren Verlauf?

„Wer will wen?" fragte auch eine weltweite Studie der *Chapman University/California*, die quer durch alle Bevölkerungsschichten angelegt war: Über fünf Jahre wurden insgesamt 10 047 Menschen auf sechs Kontinenten in 37 Kulturen nach den Kriterien ihrer Partnerwahl befragt. Darunter auch Vorzeigeland Schweden, das als besonders liberal gilt.
Mit 35 einzelnen Fragen wurden 18 Persönlichkeitsmerkmale wie Fleiß, Freundlichkeit, Intelligenz, Sinn für Humor, gesellschaftlichen Status, Reife, Zuverlässigkeit etc. erfasst. Das Ergebnis: *„Selbst extreme kulturelle Unterschiede modifizieren nur unsere Partner-Wunschbilder. Geprägt wurden sie durch die in der Evolution selektierten Begierden, die sich als tauglich erwiesen haben"*, so Psychologe *David Buss* von der Universität Michigan.

Plump gesagt: Heutzutage halten wir uns für emanzipiert und zivilisiert, agieren in Sachen Partnerwahl aber überwiegend so archaisch wie eh und je.

Laut der Studie sind sich Frauen weltweit vor allem beim Thema Geld einig. Ihnen ist die finanzielle Sicherheit in der Partnerschaft wesentlich wichtiger als Männern.

Verblüffend: Dieses weibliche Denken ist sogar bei einem Einkommen von über 50 000 Dollar jährlich vorhanden und dann sogar besonders ausgeprägt: Weit häufiger als Frauen mit geringerem Gehalt wünschen sich diese gut situierten Frauen an ihrer Seite auch vor allem besser verdienende Männer. Millionärinnen wählen demnach Partner, die im weitesten Sinne reich oder auch Millionäre sind.

Mein Fazit: Frauen sagen aus einem geschönten Selbstbild heraus, Geld sei ihnen nicht wichtig, wählen jedoch konträr zu dieser Aussage meist Partner, die durch ihren sozialen Hintergrund, ihre Ausbildung und die damit verbundenen Chancen am Arbeitsmarkt, vielversprechend sind.

Die Studie befragte die teilnehmenden Männer und Frauen auch nach ihrer Einstellung zu Sexualität, Treue, Schönheit, Altersunterschied, gesellschaftlichem Status und Karriere. Detailliert lassen sich diese Ergebnisse auch in dem Buch *„Die Evolution des Begehrens" (Kabel Verlag)* nachlesen.
So wie bei Frauen das Thema Geld Priorität hat, ist Männern Attraktivität wichtiger als Frauen. Alter und der soziale Status sind hingegen beiden Geschlechtern wichtig, was u.a. auch im Buch *„Signale der Liebe" (Verlag Hoffmann und Campe)* erläutert wird. Die Teilnehmer/innen fanden es laut der Studie[2] wünschenswert/wichtig, wenn die potentielle Partnerin/der potentielle Partner:

---

2 Quellen:
https://www.focus.de/wissen/natur/wer-will-wen-partnerwahl_id_1832036.html

- ein gutes Aussehen hat (M 92% vs. F 84%)
- einen schlanken Körper hat (M 80% vs. F 58%)
- ein festes Einkommen hat (M 74% vs. F 97%)
- viel Geld macht/machen wird (M 47% vs. F 69%)
- es ist 'sehr wichtig/ein Muss', das er/sie mindestens ebenso viel Geld verdient (M 24% vs. F 46%)
- eine erfolgreiche Karriere aufzeigen kann (M 33% vs. F 61%)
- besonders für einen selbst körperlich attraktiv ist (M 40% vs. F 42%)

Auch der nachfolgende Text aus der Dissertation von *Kerstin Cyrus „Was zählt bei der Partnerwahl?"*, belegt, dass Attraktivität für die Paarung generell hoch im Kurs steht:

„Der Vorteil physisch attraktiver Männer zeigt sich in der Assoziation mit der Güte des Genpools. Dadurch begründet sich männliche Attraktivität insbesondere aus Merkmalen, die physikalischen Schutz über Sportlichkeit und Körpergröße signalisieren, auf einen hohen Testosteronspiegel hinweisen und Gesundheit mit einem guten Immunsystem demonstrieren. Geschlechtsübergreifend lässt sich zusammenfassen, dass der physischen Attraktivität im Hinblick auf die Sicherung des Fortpflanzungserfolgs eine entscheidende Rolle zukommt."

Uneinig bleibt sich „Das schwache Geschlecht" weiterhin bei der eigenen Positionierung.
Die Autorin *Doris Bischof-Köhler* hinterfragt aus diesem Grund in ihrem Buch *„Von Natur aus anders"* den feminis-

---

https://psylex.de/psychologie-lexikon/sozialpsychologie/partnerwahl/

tischen Ansatz, dass Mädchen erst zur Frau erzogen werden und Männer Produkte einer patriarchalen Ideologie sind.
Sie nimmt darin die Fragestellung auf, ob wir willenlose Sklaven unserer Chromosomen und Hormone sind.
Laut Bischof-Köhler haben jedoch sämtliche Theorien, die Geschlechtsunterschiede ausschließlich auf Sozialisation zurückführen, keine wirklich widerspruchsfreie empirische Grundlage.

Einfach gesagt: Ja, die Geschlechter sind von Natur aus anders. Vor allem beim Sex: Laut der bereits erwähnten Studie „*Wer will wen*" sind Männer für eine schnelle Nummer zu wenig schmeichelhaften Abstrichen bereit: Charme, Sportlichkeit, gute Manieren, Aufrichtigkeit, Bildung, Humor oder Reichtum der Partnerin sind in diesem Fall für Männer schlicht bedeutungslos.
Wissenschaftlich bewiesen ist: Hormone nehmen auf den Körper und die Psyche Einfluss und steuern unser Verhalten und unsere Entscheidungen. Dass auch das soziale Milieu und Rollenbilder, die in der Kindheit geprägt wurden, bei der Lebensführung und Partnerwahl eine Rolle spielen, bleibt davon unberührt. Vor allem das Hormon Testosteron wird für den Unterschied zwischen Frau und Mann gerne herangezogen: Studien zufolge erreichen Männer ihr Leistungsoptimum unter einem höheren Stresspegel als Frauen. Weil sie mehr Testosteron im Blut haben, brauchen sie sogar mehr Stress, um ihr volles Potenzial auszuschöpfen. Das würde erklären, warum Männer in Stresssituationen vergleichsweise belastbarer scheinen als Frauen.

Hormone sind demnach in allen Lebenslagen ein „Game-Changer". Sie verursachen beispielsweise Angst, Mütter-

lichkeit, Aggression, Glück, machen dick, depressiv, legen den Körper lahm oder beflügeln ihn.
Kein Wunder, dass das Hormon Testosteron, welches mit Dominanz und Leistungsfähigkeit in Verbindung gebracht wird, als schlagendes Argument für die Partnerwahl infrage kommt. Das Dominanz-Urteil konnte in Studien jedoch nie schlüssig nachgewiesen werden. *Michael Zitzmann vom Centrum für Reproduktionsmedizin und Andrologie an der Uniklinik Münster* macht lediglich Zugeständnisse[3], bezüglich Patienten mit einem nachgewiesenen Testosteron-Mangel: *„Bei hypogonadalen Männern fällt auf, dass es an Durchsetzungsvermögen, Handlungswillen und auch Libido fehlen kann."*

Zusammenfassend lässt sich sagen: Frauen und Männer wissen intuitiv sehr genau, wer zu ihnen passen könnte und leben überwiegend nach wie vor nach dem archaischen Bauchgefühl.

Viele Evolutionspsychologen sind überzeugt, dass vor allem Geld und gesellschaftliches Ansehen bei einem Mann dazu beitragen, dass Frauen ihn als Partner fürs Leben sehen.
Anderen Befragungen zufolge, spielt Geld aufgrund der mittlerweile stärkeren Gleichstellung zwischen Männern und Frauen in unserer Gesellschaft keine so große Rolle mehr. Nun ist die Verwirrung groß.
Kommt es lediglich darauf an, was man fragt, wie man fragt und wen man fragt? Und vor allem darauf, was diese Personen von sich selbst halten?

---

[3] Quelle: https://www.n-tv.de/wissen/frageantwort/Was-ist-dran-am-Testosteron-Mythos-article22640380.html)

Hier möchte ich deutlich auf den zweifelhaften Nutzen von Statistiken und Befragungen hinweisen, obwohl auch ich stellenweise darauf zurückgreife.
Zeit, uns lieber einmal selbst zu befragen: Welchen Partner wünsche ich mir? Oder welchen habe ich bereits? Und vor allem: warum?

Rocket-Man

Meiner Beobachtung nach rutschen viele Frauen in Beziehungen hinein, ohne dies selbst ausreichend zu hinterfragen. Manche haben einfach ihren ersten richtigen Freund geheiratet, vielleicht den netten Kerl aus dem Verein, dem schulischen oder beruflichen Umfeld oder jemand anderen, der in der Zeit der Partnerfindung eher zufällig auftauchte.
Tatsächlich suchen die meisten Frauen unbewusst lediglich einen passablen Mann der keine Probleme macht. Einen, mit dem sie irgendwann vielleicht auch Kinder in die Welt setzen können. Einen Freund und Familienmenschen, der weiß wo es lang geht. Einen anständigen Beruf sollte er haben, keine zwei linken Hände und ein bisschen sportlich könnte er auch sein. Und wenn dann die biologische Uhr tickt, sieht so manche Frau plötzlich über ihren individuellen Anspruchskatalog hinweg, in der Hoffnung, die Dinge würden sich schon richten.
Ja, es gibt zwar schon lange die Möglichkeit, Eizellen einzufrieren und in die USA auszuwandern, um dort eine Leihmutter zu bemühen. Doch wer will das schon?
Und wie angesehen sind Frauen in unserer Gesellschaft, die ihr Leben auf emotionslose Weise minuziös planen?
Gerne werden reflektierte und kritische Frauen von Frauenzeitschriften als nicht vermittelbar angesehen, in Filmen und TV-Formaten vorgeführt und in die unbequeme Ecke gestellt.
Auch Schuldzuweisungen werden trotz postulierten Anti-Body-Shaming Artikeln gemacht: „Zu dick, zu hässlich, zu tollpatschig. Filme wie *„Bridget Jones“* haben das Klischee der übriggebliebenen Singlefrau sehr erfolgreich kommuniziert. Als ob es nichts wichtigeres im Leben geben würde,

als die Beziehung zu einem Mann. Was also tun? Wie finden sich Frauen heutzutage zwischen sexueller Befreiung, ungeahnten Möglichkeiten, archaischen Rollenmustern und deren Auflösung zurecht?
Die meisten Frauen sind schon in der Sturm- und Drangzeit fest vergeben. Einzelgängerinnen werden kritisch beäugt, die Gesellschaft macht sich Sorgen oder spekuliert über sexuelle Neigungen, wenn kein Partner in Sicht ist.
Schonfristen gibt es inzwischen für alle unter Dreißigjährigen, denen Auslandsaufenthalte, Findungsphasen und berufliche Entwicklung zugestanden wird.
Doch spätestens ab dreißig mehren sich die Fragen.
„Mit einem Mal verabschiedet sich ein Saufkumpan nach dem anderen in die Elternzeit. Verlobung hier, Schwangerschaft da. Von allen Seiten heißt es plötzlich: „Du müsstest, solltest, könntest doch langsam auch mal …“ [4]

Das Dilemma: Lebensglück wird immer noch vor allem in Partnerschaften gesucht. Beziehungsfähig zu sein, hat bei Frauen und Männern gesellschaftlich einen hohen Stellenwert. Und jeder Mensch bringt seinen Selbstwert in eine Beziehung mit ein. Unbewusst wird nach einem Partner gesucht, der zwar eigene Schwächen ausgleicht aber dennoch nach außen hin einen Status demonstriert: Ja, ich bin es als Person wert, diesen und/oder überhaupt einen Partner an meiner Seite zu haben.
Wer im wahren Leben keinen Partner findet, greift vor diesem Hintergrund möglicherweise auf alternative Angebote zurück. Unzählige Internet-Partnerbörsen und Apps, romantische TV-Formate und die Selbstinszenierung auf

---

[4] Aus dem Buch von *Henriette Hell– „Ihr könnt mich mal so nehmen, wie ich bin. Mein ziemlich geiles Leben ohne Kind und Karriere“*

Instagram entlarven die tatsächlichen Präferenzen bei der Partnersuche. Männer und Frauen haben offensichtlich immer noch ein klares, überwiegend archaisches Bild vom idealen Partner.
Der Stellenwert, den Frauen einem Mann beimessen, der im Zweifelsfalle sie und die Kinder versorgen und verteidigen kann, scheint trotz aller Emanzipation immer noch ziemlich hoch zu sein. Denn die meisten heterosexuellen Frauen wählen trotz emanzipierter Überzeugung ganz gezielt einen Partner, der den eingangs genannten Grundmustern entspricht: Der sich möglichst erfahren und stark präsentiert, physisch nicht kleiner oder schwächer ist als sie selbst und der ihnen darüber hinaus intelligent, fleißig und psychisch stabil erscheint.
Diesen archaisch anmutenden weiblichen Hang zum sicheren Partner bestärkte die Zeitschrift *„freundin“* noch im Jahr 2021 durch einen Artikel, in dem aufgezählt wird, von welchen Männern Frauen lieber die Finger lassen sollten.

„Mit diesen 7 Männertypen werden Sie niemals glücklich“: Der Verletzte, der Kindische, der Bindungsunwillige, der Selbstverliebte, der Spieler, der Ausnutzer und der Schwätzer. Diese Typen waren dem Artikel nach absolute Risiko-Anlagen in Sachen Liebe.

Eine derartige Darstellung von Frauentypen in einer Männerzeitschrift würde von Feministinnen sicher als ein Angriff auf das emanzipierte Selbstverständnis gewertet.
Meine Kritik: Sexismus gegenüber Männern wird selten zur Sprache gebracht. Fakt bleibt: Frauen unterliegen im gebärfähigen Alter biologischen Zwängen, während sie gleichzeitig den gängigen emanzipierten Standards gerecht werden

müssen. Die Folge: Nur eine Minderheit lebt das von sich selbst entworfene Selbstbild wirklich mit allen Vor- und Nachteilen. Dies ist keine Schuldzuweisung, sondern faktisch immer noch Realität. Denn das, was Frauen glauben, an Möglichkeiten zu haben, wird im Alltag überwiegend nicht ausgeschöpft: Emanzipierte Statements, die bei genauer Betrachtung nicht der gelebten Wahrheit entsprechen, nennt die Forschung übrigens *„Kognitive Dissonanz“*.
Auf diese Diskrepanz innerhalb der Selbstwahrnehmung möchte ich aufmerksam machen, weil Frauen häufig selbst kein Problem in der eigenen Haltung sehen.
Dieser überspitzt formulierten *„Weibchenhaltung“* stehen Feministinnen und vor allem die Zeitschrift *Emma* seit Jahrzehnten entgegen. Hier wird das Bild der emanzipierten Frau seit 1977 monatlich untermauert.
Berichtet wird über Einzelkämpferinnen, wie die amerikanische Staatsanwältin Amal Clooney, kinderlose oder mutige Frauen, wie die Kapitänin mit dem schönen Nachnamen *„Rakete"* und manchmal auch über den *„Zwist ums Trans-Gesetz“*.
Wer jedoch die Mediadaten von Emma mit denen anderer Frauenmagazine vergleicht, wird schnell feststellen: Die Auflagenhöhe fällt vergleichsweise gering aus.

So sinnvoll es auch mir persönlich erscheint, über andere Inhalte als die üblichen Frauen-Magazin Themen zu lesen, erkenne ich an diesen Zahlen doch, dass es immer noch viele Frauen gibt, die nicht gerne in erster Reihe an der feministischen Front stehen, so laut der Aufschrei aus der Emma-Redaktion jetzt auch sein mag.
Im Gegenteil: Eine große Anzahl von Frauen erlebt durch den Druck einer anzustrebenden Karriere immer noch eine

enorme Diskrepanz im Hinblick auf ihren Kinderwunsch und ihr Sinn- und Harmoniebedürfnis.

Unsere biologische Konditionierung scheint demnach ein enormer Gegenspieler im Hinblick auf die weibliche Unabhängigkeit zu sein.

Das Verhalten von Frauen ist zwar sicher vielschichtiger und individueller, als die gängigen Klischees, die uns Frauenzeitschriften auftischen. Doch auch heute noch verweben sich die Umstände nur zu leicht zu einem Leben, das sich ergibt, ohne dass Frauen gezielt Einfluss darauf genommen hätten.

Um weiblichen Gestaltungswillen Ausdruck zu verleihen wäre wirklich schon viel gewonnen, wenn mehr Frauen ihre alltäglichen Möglichkeiten, für sich selbst einzustehen, nutzen würden: Selbst kleine Verhaltensänderungen und die gelebte Erkenntnis, dass eine eigene Zielsetzung für Frauen wichtiger ist, denn je, könnten viel verändern.
Nur wenn übernommene Strukturen aus der Kindheit, daraus resultierende Muster und Unsicherheiten rechtzeitig erkannt und eingeordnet werden, hat Selbstbestimmung eine Chance.

Neue Perspektiven

Für mehr Selbstbestimmung:

1. Aktiver Rollentausch und Wertschätzung dienen der gegenseitigen Wahrnehmung: Werde selbstständiger und fördere und honoriere die Fürsorglichkeit und die „weibliche" Seite von Männern!

2. Unterlasse den Selbstbetrug von postulierten Idealen und entgegengesetztem Handeln, werde authentisch! Suche dir weibliche Vorbilder und formuliere eigene Ziele!

3. Bedenke: Eine Schlechterstellung von Frauen resultiert in vielen Fällen aus der nichtwirtschaftlich orientierten Berufswahl, der Mutterschaft und dem allgemeinen Sozialverhalten von Frauen.

4. Analysiere einen möglicherweise nötigen oder erwünschten Ausstieg aus dem Berufsleben und begrenze diesen zeitlich. So können verbindliche Lösungen gefunden werden.

5. Nimm dich selbst wichtig! Spare nicht an dir, wenn es andere auch nicht tun! Fordere mehr, rede und handele selbstbewusster, steh für dich ein!

6. Meist ist es günstiger für die Haushaltskasse, wenn man alles selber macht, doch der Ausstieg aus dem Beruf rächt sich spätestens beim Rentenbescheid oder einem nötigen Widereinstieg in den Beruf.

7. Sei dir bewusst, dass im Falle einer Trennung vormalige Paar-Entscheidungen in ein ganz neues Licht rücken können und aus einem ehemaligen gemeinsamen Vorteil, ein Nachteil für den Einzelnen entstehen kann.

8. Liebe dich selbst, formuliere Wünsche und Ziele und suche dir einen Partner, der dich bereichert, statt nur deine Mängel und Ängste auszugleichen.

9. Kinderwunsch? Toll! Familienorientierte Länder, Städte und Arbeitgeber oder auch bestimmte Berufszweige sind möglicherweise für eine Work-Life-Balance förderlicher als andere. Gerade Schulferien stehen einer adäquaten Karriere häufig entgegen.

10. Bedenke: Leistungsfähigkeit nimmt ab, wenn sie nicht eingefordert wird. Selbstvertrauen geht ebenfalls damit einher. Gewohnheiten und Privilegien, die sich ausschließlich am eigenen Lebensrhythmus statt am Berufsalltag orientieren, werden ungern wieder aufgegeben. Der Widereinstieg kann daher zu einer Hürde werden.

11. Trage mit deiner Wahl dazu bei, dass Frauen in Machtpositionen, in Vorständen oder der Politik vertreten sind, weil sonst bei wichtigen Entscheidungen die weibliche Perspektive keine Chance hat.

12. Setze dich für Emanzipation und Feminismus ein, wenn es um Unterdrückung und Benachteiligung aufgrund des Geschlechts geht!

Steinzeitfrauen machen Karriere

Die überaus willigen Bindungshormone, die in Frauen kreisen, haben sich seit Menschengedenken nicht so grundlegend verändert, wie es uns die heutige Emanzipation weismachen will. Auch die Partnerwahl unterliegt immer noch überwiegend archaischen Mustern. Das ist schade, denn wenn Frauen weniger auf Alphas fixiert wären, müssten sich Männer auch nicht unablässig auf die Brust schlagen.
Die Bezeichnung *„Alpha“* ist dem Tierreich entlehnt und symbolisiert dort jene Weibchen und Männchen, die eine Gruppe anführen. Bei Tieren entspringt diese Führungsrolle der natürlichen Selektion, bei der Erfahrung, Geschick und auch die körperliche Konstitution eine Rolle spielen.
In der Biologie spricht man von *„Genetischer Fitness“* (engl. fitness *„Angepasstheit“*, *„Tauglichkeit“*). Dies ist ein Fachbegriff aus der Populationsgenetik.
Die Bezeichnung *„Alphatier“* wird auch im Berufsleben zur Klassifizierung von Arbeitnehmern[5] herangezogen.
„Konkurrenz für das Alphamännchen“ lautet beispielsweise ein Buchtitel, in dem es um es um die politische Repräsentation von Frauen*[6] in Parteien und Parlamenten geht. Die Autorinnen gehen darin der Frage nach, ob das Alphamännchen als Rollenmodell ausgedient hat, denn inzwischen wird auch Frauen Führungsanspruch zugestanden.
Esther Langkafel (*Start-up twise*) ist allerdings überzeugt, dass Alphatiere selten im Tandem miteinander klar kommen. Bleibt die Doppelspitze in Führungspositionen demnach eine Utopie?

---

[5] Quelle: https://zukunft-jetzt.deutsche-rentenversicherung.de/baden-wuerttemberg/ausgabe-022023-bawu/arbeiten-im-doppelpack/

[6] Gendergerechte Schreibweise des Ulrike Helmer Verlags

Für Aufgeschlossene, wie *Edding-Chef Per Ledermann*, ist jedoch ein Wechsel in Sicht: *„Auch Top-Leute verfolgen heute andere Lebensmodelle als früher, deshalb ist uns der Gedanke gekommen, Jobsharing auch auf der obersten Ebene zu ermöglichen."*

Diese Arbeitsplatzteilung bei dem sich zwei oder mehr Arbeitnehmer mindestens eine Vollzeitstelle teilen, kommt zum Einsatz, wenn ein Tandem sich die Verantwortung und Aufgaben einer anspruchsvollen Fachfunktion oder eine Führungsposition teilt.
Teilzeitstellen sind dagegen in der Regel unabhängig voneinander und funktionieren ohne direkte Absprache.
Auch wenn mit Jobsharing Gehaltseinbußen verknüpft sind, ist dies sicher ein wichtiges Instrument, um die Gleichstellung im Beruf voranzutreiben. Aktuell wird dieses Modell jedoch kaum umgesetzt. Dies lässt sich nicht nur wirtschaftlich begründen, sondern weist auch auf einen psychologischen Widerspruch hin: Machtausübung und Ellenbogenverhalten ist vor allem in der Führungsebene unter Alphatieren üblich. Die Abkehr von diesem Verhalten würde private und berufliche Interaktionen auf Augenhöhe ermöglichen, doch in wie viel Prozent der Fälle ist das so? Hier sind wir wieder beim Thema *„Kognitive Dissonanz"*. Denn es gibt in unseren Köpfen immer das Ideal über das gerne auch auf der Führungsebene gesprochen wird, aber es bleibt meist nur Theorie. Tolerante Denkweisen, Ideale und reflektiertes Verhalten müssen auch praktisch zur Umsetzung kommen, um Lippenbekenntnisse glaubwürdig zu machen.
Dass das Kräfteungleichgewicht, welches sich in Verbindung mit einem Alpha ergeben kann, auch für eine Bezie-

hung und die eigene Entwicklung nicht unbedingt förderlich ist, liegt auf der Hand: Das vormals evolutionsbedingt begehrte *„Alphatier"* bleibt nämlich ziemlich sicher nicht zuhause bei den Kindern oder gibt den bereits erworbenen Karrierestatus zugunsten der Entwicklung des Partners auf, um dann in der Folge möglicherweise eine schlechtere wirtschaftliche Situation in Kauf nehmen zu müssen.

Will der wirtschaftlich schwächere Partner dies im Nachhinein durchsetzen, gelingt dies meist nur, wenn sich das Paar das Thema „berufliche Entwicklung- oder Selbstverwirklichung" einkommensbedingt „leisten" kann. Es scheint daher schwerer, die eigene berufliche Entwicklung innerhalb einer gemeinsamen Lebensführung durchzusetzen, wenn der Partner bereits beruflich erfolgreich oder im weitesten Sinne ein „Alphatier" ist.

Hinzukommt: Viele Frauen sagen, sie hätten keine Präferenzen hinsichtlich Status und Alter eines möglichen Partners. Doch in mehr als 70 Prozent der Beziehungen sind Männer laut dem Statistischen Bundesamt älter als ihre Partnerinnen. Der damit häufig einhergehende höhere Karrierestatus bringt den Mann neben der oftmals unreflektierten Rolle als *„Hauptverdiener"* automatisch in eine dominantere Position, wenn es um das Einkommen für die gemeinsame Lebensführung geht.

Frauen mit einem wesentlich älteren Partner stehen zudem zusätzlich unter Druck, schnell Kinder zu bekommen, damit der Partner seine Vaterrolle noch ausfüllen kann.

In der Folge können diese Frauen ihre berufliche Karriere schlechter festigen und verfolgen, als jene mit einem eher gleichaltrigen Partner oder einer ähnlichen Ausgangslage.

Auch der Hang zu einem älteren Partner kann Frauen also von vorneherein ins Abseits manövrieren.

Warum wird dennoch das Alpha-Männchen, der Macher, bevorzugt, der dann aber zum Leidwesen emanzipierter Frauen möglicherweise wirklich in allen Lebenslagen die Oberhand behält? Wäre es nicht an der Zeit diese Präferenz zu hinterfragen? Scheitern daran unsere Beziehungen? Sind wir doch nicht emanzipiert, machen was wir wollen und haben unsere Männer „im Griff"?
Zu diesen Themen gibt es bereits unzählige Ratgeber, die vor allem darauf abzielen, dass die Verantwortung für eine Beziehung und die eigene Entwicklung nicht an einen Partner abgegeben werden sollte.
Ohne gefestigte Persönlichkeit, verbunden mit der entsprechenden Selbstliebe, ist es grundsätzlich schwer für die eigenen Belange als Frau einzustehen. Persönlichkeitsentwicklung ist daher gerade für junge Frauen unabdingbar.
Nicht alle Frauen agieren stets feministisch, stark, zielorientiert oder intellektuell. Frauen können zart besaitet, leistungsschwach, ängstlich, mütterlich oder eben noch viel mehr und nichts von alledem sein. Der schizophrene Anspruchskatalog, was Frauen vor diesem ungleichen Hintergrund tun und lassen sollen, wird trotzdem seit Jahren mit immer mehr Forderungen aufgeladen.
Es stimmt: Die Welt braucht mehr Frauen, die souverän demonstrieren, dass die Gesellschaft auf ihren Beitrag nicht verzichten kann, doch ebenso wichtig wäre es, Männern mehr Freiraum für ihre persönliche Entwicklung zuzugestehen und damit einen Annäherung der Geschlechter zu erreichen.

Hier gilt es eine selbstorientierte Balance zwischen eigener Leistungsfähigkeit, Werten und Selbstverantwortung zu finden.

Egoismus

Die Menschheit konnte sich vor allem durch den Schutz und die Stärke von Gruppen entwickeln. Dazu zählen auch der Familienzusammenhalt und die Verteilung von Aufgaben innerhalb der Gruppe. Inzwischen scheint dies überholt, denn es gibt eine neue Spezies Mensch:
Moderne Männer und Frauen, die ihren Weg gehen, an ihrer Persönlichkeit arbeiten, dabei jedoch ausschließlich die Selbstoptimierung im Sinn haben.
Kolumnist *Michael Nast* sagt beispielsweise in einem Artikel der Frauenzeitschrift *freundin*: *„Heutzutage hat die Wahl des Partners ja viel mit dem eigenen Ego zu tun. Es geht weniger um den anderen, es geht vor allem um einen selbst. Man will vom anderen in der persönlichen Entwicklung unterstützt werden. Man fragt sich, inwieweit der Partner auf die eigenen Bedürfnisse eingehen will. (...) Wenn ich an eine Beziehung denke, denke ich an Harmonie und daran, dass man sich gegenseitig Kraft gibt. Aber auch das ist ein Ausweichen, denn in stillen Momenten wird mir dann schon mal klar, dass das eigentlich sehr ichbezogen gemeint ist. Dass ICH Harmonie will, und meine Partnerin MIR keine Kraft entziehen soll. Ich bin auf MEINEM Weg und will nicht abgelenkt werden. Und damit bin ich nicht allein. Willkommen in der Welt der Selbstoptimierer."*

In unserer Gesellschaft ist bei allen Geschlechtern Selbstdarstellung, Selbstoptimierung und das Streben nach dem bestmöglichen Leben mit dem geringsten Aufwand keine Seltenheit mehr. Vor diesem Bild der Einzelkämpfer, tritt das Problem von Rollenverhalten möglicherweise zurück, doch die Mehrheit der Paare lebt immer noch nach stillen Übereinkünften, die sich häufig im erlernten Rollenverhalten begründen. Deshalb müssen wir darauf achten, gemeinsam reflektierend durchs Leben zu gehen und nicht nur nebeneinanderher. Persönliche und öffentliche Anerkennung für soziales Verhalten würde auch dazu führen, dass sich mehr Männer in den klassischen Frauenberufen wohlfühlen könnten, Männlichkeit und Weiblichkeit anders definiert würde und Geschlechterrollen dadurch in den Hintergrund treten würden.

Partnerschaft wird überflüssig, wenn Gleichstellung nur das Aufrechnen von Leistung bedeuten würde, Warmherzigkeit und Emanzipation nicht zusammengehen und Ritterlichkeit vom Aussterben bedroht wäre.

Wenn Männer jedoch in einer Partnerschaft ihrer Frau auch mal den Rücken freihalten, nicht jedes Windelwechseln aufrechnen, Zeit zugunsten der persönlichen Entwicklung des Gegenübers abgeben können, dann ist das vorbildlich. Weil sie selbstsicher genug sind, dass dadurch kein Mangel aufkommt, sondern für beide etwas gewonnen werden kann.

Echte Gleichstellung bedeutet, sich gegenseitig anzuerkennen und wertzuschätzen. Wir brauchen kein Land voller kraftstrotzender Pippi Langstrumpfs oder Superhelden, wir brauchen Menschen, die ihre Stärken, egal ob weibliche oder männliche, einbringen dürfen, ohne ausgebremst oder belächelt zu werden.

Gleichstellung

Die gesamte Gender-Diskussion macht nur im geschützten Raum einer Gesellschaft Sinn, die nicht mehr um ihre Existenz kämpfen muss: Sobald aufgrund von Krieg oder Umweltkatastrophen alles zusammenbräche, würde unabhängig vom Geschlecht nur noch das Überleben, verbunden mit körperlicher und mentaler Stärke und Leistungsfähigkeit, im Fokus stehen. In modernen Zeiten, in denen Frauen nicht mehr geraubt werden und diese dank verbesserter Lebensumstände nicht mehr überproportional häufig durch eine Schwangerschaft/Geburt versterben, scheint der Schutz der Frau nicht mehr zwingend nötig. Dass manche Auflagen oder Betrachtungsweisen in der Vergangenheit und vor allem zu Kriegszeiten ihre Berechtigung hatten, wird heutzutage jedoch leicht vergessen.

„Frauen und Kinder zuerst", dieses ungeschriebene Gesetz gilt auch noch heute. Denn ein einzelner überlebender Mann kann beliebig viele Frauen schwängern und so für den Erhalt der Menschheit sorgen. Ohne Frauen jedoch wäre die Welt im Krisenfall wesentlich schlechter aufgestellt.

Uns muss bewusst sein, dass der Ausgleich von Mängeln stets stattgefunden hat und auch heute noch Menschen, die nicht mit Schönheit, Intelligenz, Leistungsstärke, Geld oder Macht punkten können, auf diese Art eine soziale Einbindung erfahren. Emotionen, das Füreinandersorgetragen, Ethik, Moral und Empathie lassen sich nur schwer messen oder aufrechnen.

Ja, die Menschheit ist im Wandel. Gender-Debatten werden verstärkt geführt. Die Anerkennung von m/w/d (männlich, weiblich, divers) ist seit 2018 im Grundgesetz verankert

und ich finde, es könnte noch trefflich darüber gestritten werden, in welcher sprachlich korrekten Reihenfolge diese Abkürzungen nun genannt werden sollten. Doch neben diesen Regelungen und der damit einhergehenden Toleranz habe ich den Eindruck, dass der Begriff *„Gleichstellung"* nicht einheitlich definiert wird. Ist noch die Gleichstellung unter den beiden Geschlechtern gemeint?
Der bisher als Norm geltende heterosexuelle Mensch fühlt sich inzwischen übergangen. Er lernt nun, was es bedeutet, nicht der Norm zu entsprechen, nicht gesehen zu werden oder Erwartungen nicht zu genügen. Dennoch wird dieser Zwiespalt in Zukunft zu noch mehr Verwirrung führen, wenn es um den Fokus der Gleichstellung geht.
Doch auch Frauen mit männlichem Verhalten, Aussehen und Auftreten, mit denen sich weiblich orientierte Frauen nicht identifizieren können, empfinden viele Menschen als nicht repräsentativ. Ich halte auch das aktive Wegsehen bei Berufen, die aufgrund ihrer körperlichen Anforderung nur von Männern ausgeübt werden können, für scheinheilig: Noch kann nicht alles durch Technik wegrationalisiert werden. Von Feministinnen wird darüberhinaus die Lebensleistung vieler Männer einfach „vergessen".
In einem TV-Beitrag sah ich kürzlich eine Zugstrecke die 700 Kilometer durch die Weite der Sahara[7] verläuft.
Der Zug fährt seit 1963 in Mauretanien und verbindet die dort lebenden Menschen mit der Zivilisation. Wer mag diese Strecke, die ausschlaggebend für das Leben von so vielen Menschen ist, wohl gebaut haben? Feministinnen? Wo bleibt die Anerkennung füreinander und der Teamgedanke? Ich streite nicht ab, dass Frauen in der Vergangen-

[7]https://de.wikipedia.org/wiki/Bahnstrecke_Nouadhibou%E2%80%93M%E2%80%99Haoudat

heit in ihren Leistungen viel zu oft übersehen wurden oder Männern ohne Lohn zugearbeitet haben, doch einseitige Betrachtungsweisen halte ich an dieser Stelle dennoch für unangemessen.

Auch die Medien berichten gerne beispielsweise von Dachdeckerinnen und Feuerwehrfrauen, jedoch muss fairerweise der Einsatz von Männern am Hochofen und im Straßenbau auch einmal erwähnt werden. Die Welt funktioniert täglich dank geschaffener Strukturen, die teilweise tatsächlich nur durch harte Männerarbeit zustande kam. Vieles von dem was unserer Gesellschaft heute noch nutzt, wurde ausschließlich von Männern bewerkstelligt, weil Frauen es physisch einfach nicht konnten, sie in Krisenzeiten besonderem Schutz unterlagen, oder seinerzeit die Maschinen und die Technik hierfür noch nicht erfunden waren.

Männliche Arbeit bleibt vor diesem Hintergrund wichtig und muss auch wertgeschätzt werden. Warum wird stattdessen so oft behauptet, dass alle Geschlechter alles gleich gut können? Gleichstellung bedeutet für mich in einer Beziehung, dass man sich gegenseitig Raum zur Entwicklung und Unabhängigkeit lässt und entsprechende Vorstellungen klärt. Vor allem eine Entwicklung im unterschiedlichen Tempo, ein Auseinanderdriften von Wertvorstellungen oder das Erstarken nur einer der Partner kann zu Konflikten führen, die in der Folge einen ganzen Lebensentwurf zunichte machen: Stille Absprachen sind kontraproduktiv. Übereinkünfte einzufordern, die nicht mehr gelten, können auf Dauer einen der Partner unzufrieden zurücklassen. Wenn einer von beiden Karriere macht und der andere im Umfeld der nicht wertgeschätzten Haus- und Familienarbeit verbleibt, kann dies zu einem Ungleichgewicht führen, das trotz Wohlstand oder materieller Sicherheit den Keil

der Unzufriedenheit in die Partnerschaft treibt.
Oftmals wird unterschätzt, dass Szenarien, die als Momentaufnahme stimmig und richtig erscheinen, im weiteren Verlauf zu Spannungen führen können.

Die Autorin *Nici Mommsen* sagte beispielsweise in einem Interview: *„Das Elternsein hat uns ziemlich in Beschlag genommen, und wir sind in klassische Rollenmuster verfallen. Oliver wurde immer erfolgreicher und war beruflich zwischen Sylt und Neuseeland unterwegs (...).“*

Situationsabhängig geraten auch moderne und reflektierte Paare schnell in die alten Muster. Auch, weil Männer überwiegend gehaltstechnisch erfolgreicher sind als Frauen und damit wirtschaftlich relevanter. Die Gründe hierfür werden im Verlauf des Buches immer wieder erläutert.
Für den Schauspieler *Oliver Mommsen* hätte eine längere Auszeit vom Filmgeschäft möglicherweise das *„Aus“* bedeuten können, was große wirtschaftliche Einbußen für die damals noch junge Familie hervorgerufen hätte.
Auch *Charlotte Link*, die als Regisseurin einen Oskar für *„Nirgendwo in Afrika“* verliehen bekommen hat, sagte im Interview (Radio SWR 1 Leute), dass es ihr nicht möglich war, mit einem kleinen Kind eine Karriere in Amerika zu verfolgen, obwohl sie durchaus Chancen dazu gehabt hätte.
Dass ihr die entsprechenden Drehbücher nicht angeboten wurden, bedauerte sie im Interview, machte aber auch deutlich, dass es für sie mit Kind keine Option war, dies mit aller Kraft zu verfolgen. Ihr Mann *Dominik* arbeite ununterbrochen, sei viel weg gewesen, klassisch eben.
Auf Nachfrage des Redakteurs, sie habe sich also bewusst entschieden, den Alltag mit ihrem Kind zu verbringen, ant-

wortet sie lachend: *„Manchmal will ich den Alltag nicht mit Kind verbringen, aber dann ist es trotzdem so."*

Die funktionierende Karriere des Partners zu beschneiden, indem Kinder und Haushaltsführung gleich aufgeteilt werden, fällt vielen Frauen schwer. Die eingegangene gegenseitige Verantwortung, das Fortbestehen der Beziehung soll nicht in Frage gestellt werden, obwohl sie genau wissen, dass ein Mann, der durch ein Vollzeitgehalt für alle sorgt, eines Tages weg sein kann.
Was vor allem bei frischgebackenen Eltern zusätzlich hinzukommt: Die Unberechenbarkeit der Familienthemen, wie zum Beispiel Krankheit des Kindes erschweren verbindliche Absprachen. Männer bleiben zudem nur selten zuhause, auch wenn viele Väter ihr Interesse an Kinderbetreuung bekunden. Der Arbeitgeber gewährt Erziehenden zwar bei Kindern unter zwölf Jahren eine Freistellung, doch fragen wir uns spaßeshalber: Wird der Finanzmanager dies in Anspruch nehmen oder doch eher seine Frau, die möglicherweise als Steuerfachgehilfin arbeitet?
Solange diese Frage Karrieren behindert und wirtschaftliche Einbußen nach sich zieht, kommt diese Möglichkeit nicht gleichberechtigt zum Tragen.
Was die Familiengründung betrifft, wird es Männern zudem bisher immer noch nicht im ausreichenden Maße vorgelebt, dass es in Ordnung ist, als Hausmann zuhause zu arbeiten oder bei der Kinderbetreuung die Stellung zu halten. *Sigrid Meuselbach*, Jobcoach in Bergisch Gladbach sagt: *„Väter brauchen andere Männer, die in die Krabbelgruppe gehen oder am Spielplatz sitzen."*
Dabei sind babytragende Männer und Jogger mit Kinderwagen keine Seltenheit mehr. Doch nutzt es uns als Gesell-

schaft nichts, wenn dies nur innerhalb begrenzter Elternzeit, an wenigen Orten, in hippen Großstädten und lediglich von einzelnen Gesellschaftsschichten im verstärkten Maße gelebt wird.

Wenn Gleichstellung nur für Besserverdienende oder Intellektuelle erstrebenswert und umsetzbar ist, zieht dies lediglich eine weitere Schere der Ungleichheit nach sich.

Zur Reflexion von Lebensumständen und Rollenverhalten gehört immer ein bestimmtes Maß an Freiraum. Auch die Erwartungshaltung unserer direkten Umgebung nimmt Einfluss. Hinterfragen ist demnach auch etwas für Privilegierte. Und hinterfragte Gleichstellung ist anstrengend. Vor allem wenn dieser Raum zur Reflexion in belastenden Situationen und überladenen Arbeitstagen nicht gegeben ist.

Wem ist wirklich gedient, wenn Haushaltshilfen einigen wenigen privilegierten Menschen Gleichstellung oder eine Karriere ermöglichen?

Haushalt und Kindererziehung sind in Deutschland jedenfalls immer noch Frauensache, wie eine repräsentative Studie von *BILD der FRAU und dem Institut für Demoskopie Allensbach* ergab. 66 Prozent der 40- bis 59-jährigen Frauen erledigen die Familienarbeit mehr oder weniger allein. 82 Prozent der Frauen, die einen pflegebedürftigen Angehörigen haben, pflegen diesen selbst.

Der ehemalige Bundeswirtschaftsminister *Sigmar Gabriel* (SPD) bekundete seinerzeit hierfür zwar seinen Respekt, es änderte sich aber nichts: *„Die Studie bestätigt, was vermutlich jede und jeder aus dem Alltag weiß: Frauen leisten unglaublich viel bei den Erziehungs- und Pflegeaufgaben – immer noch viel mehr als Männer. Ich glaube, jeder von uns kennt Frauen im näheren Bekannten- und Freundeskreis in so einer Lebenssituation – auch ich.“*

(Keine) Lust auf Feminismus?

Das Wort Feminismus scheidet die Geister. Auch in mir regt sich Unbehagen, wenn die von Alice Schwarzer gegründete, feministische Zeitschrift *„Emma“* beispielsweise verkündet, dass Frauen nicht „per se“ friedfertig sind. Das mag stimmen, aber gerade wenn dann auch noch ein Bild von Prinzessin Victoria/Schweden in der Militärausbildung an der Waffe gezeigt wird, empfinde ich dies als ziemlich oberflächlich. Denn die Hinwendung zu Krieg, Gewalt und Herrschaft ist für kein Geschlecht erstrebenswert und sollte nicht dazu missbraucht werden, als Mittel für eine plakative, aggressive, feministische Selbstdarstellung zu dienen.
Ohne sich zum Feminismus bekennen zu müssen, wachsen viele junge Frauen heute in einem feministischen Selbstverständnis auf. Sie glauben, dass sie alles erreichen können und in ihren Möglichkeiten gleichgestellt sind. Vor allem, weil sie ihren Beruf frei wählen dürfen und ihre Ausbildung oder ihr Studium vergleichsweise sogar besser abschließen als mancher männliche Mitstreiter. Doch obwohl ihnen erzählt wird, sie wären die Nutznießerinnen der so hart umkämpften und erstrittenen Emanzipation mehrerer Generationen, fühlen sich gerade junge Frauen nicht wirklich „angekommen“.

Dennoch geben Frauen in leitenden Positionen, Gleichstellungs-Politik und Feminismus-Ikonen allen Grund zum Optimismus. Jede nachrückende Frauengeneration ist vor diesem Hintergrund sicher mit mehr Selbstvertrauen ausgestattet, als die vorherige und könnte sich leichtfüßig in die Welt hinaus begeben. Auch patriarchalisch geprägte Sicht- und Denkweisen werden inzwischen beständig hinterfragt und verändert: Bücher und Beiträge, die Portraits bedeutender Frauen vermitteln oder in „Männerberufen“ zeigen, sind schon fast ein alter Hut.

Neue Verkehrsschilder, die als Piktogramm Weiblichkeit abbilden oder Straßen, die nach Frauen benannt wurden, sind kein Neuland mehr und die Meta-Botschaft: Die Welt und ihre Ordnung ist auch weiblich, wird weitestgehend gefördert und akzeptiert. Doch vieles scheint im Stillen unbemerkt weiter zu wirken. Und das fällt auch niemandem auf, solange es funktioniert.

Aktive Feministinnen, die beständig das Haar in der Suppe finden, ernten mit dieser Haltung nicht bei allen Zustimmung. Höre ich mich um, stelle ich fest: Diese beharrliche Präsenz, das Drängen von Frauen in den Vordergrund, kommt nicht bei allen gut an. Merkwürdigerweise auch nicht bei den Frauen selbst. Offensichtlich entwickelt sich immer noch Ablehnung, wenn Frauen massiv in die Öffentlichkeit drängen.

Stellt man jedoch die Zahlen öffentlicher Auftritte und einflussreicher Positionen gegenüber, zeigt sich, dass uns der gewohnte Blick einen Streich gespielt hat: Wir empfinden die neue Dominanz von Frauen als nervend, weil Frauenpräsenz bisher gesellschaftlich nicht ausreichend etabliert wurde: Seit jeher hört die Welt Männern zu und Frauen bleiben im Hintergrund. Dass es in bestimmten Berufsständen möglicherweise genau umgekehrt ist, steht dem grundlegenden Tenor nicht entgegen. Frauen sind nach wie vor in unserer Gesellschaft unterrepräsentiert.

Hinzukommt: Leider entspricht auch nicht jede Frau, die eine einflussreiche Position inne hat, dem Idealbild.

Negativ agierende Frauen in Führungspositionen werden auf diese Art überproportional stark wahrgenommen.

Doch, so ungewohnt, laut und unbequem es scheint: Nur durch aktive Selbstdarstellung können Frauen wirklich sichtbarer werden und damit auch gesellschaftlich Einfluss nehmen.

Das mediale Ausschlachten des Feminismus wirft jedoch die Frage auf, ob wir das wirklich nötig haben. Sind wir nicht schon emanzipiert genug?
Nein, denn offensichtlich bilden emanzipierte Ansagen nur die Lebensrealität von einigen wenigen Frauen ab.
Der Anspruch, sich voll und ganz Emanzipation und Feminismus zu verschreiben, erscheint darüberhinaus vielen zu extrem. Aus einem emanzipierten Selbstbild heraus, sehen viele Frauen keine Veranlassung sich einzubringen. Vor allem Mütter, haben für weitere Aufgabenstellungen weder Zeit noch Kraft: Nach jedem Problem steht schon das nächste an, ständig will jemand was und das Leben zieht vorbei, weil andere Belange stets wichtiger sind, als die eigenen.

Ausbremsende Umstände werden so leise, still und heimlich toleriert und nicht selten zum Dauerzustand.

Frauen, die sich in althergebrachten Rollen ganz wohl fühlen, sind zudem keine Seltenheit. Selbst wenn diese Frauen gesellschaftliche Fragen feministisch beantworten würden, spüren sie intuitiv, dass zwischen Wunsch und Wirklichkeit eine Lücke klafft. Doch den eigenen Ansprüchen nicht zu genügen, erleben wir tagtäglich schon zur Genüge. Wen verwundert es da, dass kein Interesse aufkommt, ein weiteres Feld zu erschließen, in dem uns möglicherweise Unvermögen und Inkongruenz bescheinigt wird.

Viele Frauen sind sich einerseits ihrer bereits existierenden Privilegien nicht bewusst, andererseits werden immer noch bestehende patriarchalisch geprägte Gesellschaftsstrukturen nicht wahrgenommen oder mitgetragen.
Die Begriffe „Emanzipation“ und „Feminismus“ scheinen darüberhinaus unklar. Übereifrige Männer bezeichnen sich als Feministen, manche Frauen haben hingegen Bedenken, als Emanze abgestempelt zu werden und andere meinen:

„Wir sind doch alle längst gleichberechtigt“[8]

Hilfestellung liefert die Politologin Antje Schrupp:
„Der Emanzipation geht es um die Gleichstellung der Frauen mit den Männern. Sie fragt: Haben Frauen dieselben Rechte, sind sie in gleicher Zahl in bestimmten Positionen präsent, haben sie dieselben Chancen und Möglichkeiten? Dem Feminismus hingegen geht es um die weibliche Freiheit in einem viel umfassenderen Sinn. Hier steht nicht der Vergleich mit den Männern im Zentrum sondern das Begehren der Frauen selbst."

Wenn ich mir vor Augen halte, dass jegliche voll ausgelebte Freiheit, die eines anderen Menschen gezwungenermaßen beschneidet, ist dies für mich wenig erstrebenswert. Auch wenn Emanzipation und Feminismus ihre Berechtigung haben, dürfen daraus nicht Ablehnung und blinder Egoismus resultieren. Aggressives und oberflächliches Agieren, die Umkehr von Rollen und sexuelle Provokation empfinde ich als negativ. Werden jedoch Unterdrückung und Benachteiligung aufgrund des Geschlechts infrage gestellt und

---

[8] Buchtipp: "Wir sind doch alle längst gleichberechtigt!": 25 Bullshitsätze und wie wir sie endlich zerlegen. (Autorin: Alexandra Zykunov)

beendet, bin ich dabei. Benachteiligung betrifft in unserer Gesellschaft jedoch schon immer eine unübersichtliche Anzahl diskriminierter Menschen jeder Art: Alle nicht klassifizierten Geschlechter, ungewöhnliche Paarkonstellationen und Lebensformen, Bildungsverlierer, Migranten, Behinderte – die Liste wäre lang. Damit sind wir relativ schnell bei der Frage, wann es beispielsweise die Zusatz-Quote für Genderlose, nicht konformes Aussehen (Hautfarbe etc.) oder Homosexuelle gäbe.
Wann ist eine Gruppe diskriminiert genug, damit Gesetze und Quotenregelungen erlassen werden? Mit der Thematik Frau/Mann sind wir jedenfalls noch lange nicht durch. Errungenschaften der Emanzipation fließen jedoch ganz selbstverständlich in den Alltag ein. Dass hier wehrhafte Vorreiterinnen nötig waren, wird oft vergessen. Jede neue Generation interpretiert das jeweils geltende Rollenverständnis als Normalzustand, weil sie es nicht anders kennt. Hier ein paar Beispiele:

- das Frauen-Wahlrecht (1919)
- ohne Erlaubnis des Ehemannes arbeiten (1977)
- ein eigenes Bankkonto (1958)
- das Recht auf Selbstbestimmung (1974)

Die Journalistin Antje Wewer sagt in einem offenen Brief an ihren Sohn Bruno: „Feminismus bedeutet nicht, dass Frauen gegen Männer kämpfen, sondern dass wir für eine Gesellschaft ohne Sexismus und einengende Geschlechterrollen sind.“

Meiner Beobachtung nach wird Feminismus jedoch auch instrumentalisiert. Entsprechende Posts in den Sozialen

Medien gehören zum Mainstream und alle scheinen sich in ihrem kollektiven Aufschrei einig zu sein, dass Frauen viel zu lange benachteiligt wurden.

Für diese lautstarke Haltung fehlt mir persönlich das Differenzierte. Ich bin überzeugt, dass eine beständige Angriffshaltung auf Abwehr trifft und dass dies nicht der richtige Weg für alle sein kann. Hier geht es mir daher nicht um Klassifizierungen oder Gruppenzugehörigkeit. Obwohl Etikettierungen als sprachliche Verkürzung einer Haltung dienlich sind, möchte ich keinen feministischen Stempel aufgedrückt bekommen: Ich will nicht Stellung zu Themen beziehen, die ich nicht durchdrungen habe oder, aus einem momentanen Selbstverständnis heraus, nicht gutheiße.

Dennoch machen Gruppierungen Eindruck und haben fallweise sicher ihre Berechtigung. Auch die körperliche Selbstbestimmung der Frau wurde nur durch die Bewegung von Massen erreicht: Themen wie beispielsweise der Abtreibungs-Paragraph 218 haben seinerzeit viele Frauen dazu bewogen, für ihr Recht zu kämpfen. Und auch heute noch sind Demonstrationen, z.B. der *Women's March*[9] ein Beispiel für Frauensolidarität.

Manches verschafft sich tatsächlich nur Gehör, wenn viele ihre Haltung nach außen transportieren. Doch Emanzipation und Feminismus müssen auch im Kleinen gelebt werden. Nur, wenn dieser Anspruch unserer persönlichen Lebensrealität angepasst ist, kann echte Selbstbestimmung wirken. Vor allem junge Frauen sollten von Anfang an mehr für sich selbst einstehen.

---

[9] Der "Women's March" ist eine internationale Bewegung und fand erstmalig 2017 am Tag nach der Amtseinführung Donald Trumps in Washington D.C. statt.

Mach doch was du willst!

Ja, viele glauben, dass es wichtig wäre, wenn mehr Frauen Karriere machen, politisch an Einfluss gewinnen oder schlicht „mehr gehört" werden würden. Doch aktuell sind die zehn reichsten Menschen[10] auf der Welt Männer und meiner Vermutung nach, wird dies auch noch länger so bleiben.

Der Grund für das Scheitern vieler weiblicher Biografien liegt darin, dass Frauenfragen unbeantwortet bleiben.

Solange kein Sand ins Getriebe kommt, fällt das auch nicht auf. Das eigene Verhalten wird nicht hinterfragt, da es in unserer Gesellschaft gut eingebettet nach alten Mustern funktioniert und bei entsprechendem Wohlstand auch wenig Konsequenzen nach sich zieht.

Tatsächlich ist darüberhinaus vieles heute in den meisten Ländern selbstverständlich: Die Zulassung von Frauen zur höheren Schulbildung, freie Meinungs- und Berufsausübung, sexuelle Selbstbestimmung, freie Kleider- und Haartracht und vieles mehr. In der Aufbauphase nach dem zweiten Weltkrieg zählte jedoch nur, was am Ende für alle raus kam. Und das war 1960 das Wirtschaftswunder. Die damals erbaute Infrastruktur nutzen wir heute noch, sie dient vielen als wirtschaftliche Grundlage und es bleibt fraglich, ob die Welt in der uns bekannten Form existieren würde, wenn die Rollenverteilung damals eine andere gewesen wäre. Ich halte es daher für eine eingeschränkte Sichtweise, wenn Feministinnen frühere Gesellschaftsordnungen ohne Bezug zu den damaligen historischen Verhältnissen kritisieren und für die systematische Unterdrü-

[10] Die Forbes-Liste präsentiert jährlich die reichsten Menschen der Welt

ckung der Frau heranziehen. Ich kann deshalb nachvollziehen, dass bei einigen Menschen die Begriffe Emanzipation und Feminismus eine Abwehrhaltung verursachen.
Fakt ist, dass vieles, was unter „patriarchalischer Herrschaft“ entstanden ist, heute dem Wohl aller dient.
Es ist deshalb verwunderlich, wenn feministische Patentrezepte über die gesamte Gesellschaft ausgeschüttet werden, ohne dabei die Lebensleistung vorangegangener Generationen oder individuelle Fragestellungen zu berücksichtigen.
Bei der Frage „Sind Sie Feministin“ würden viele Frauen zögern. Sie wissen nicht, ob sie diesem Wort in seiner Gesamtheit genügen, sie wollen nicht radikal sein, manches haben sie für sich nicht definiert. Was Frauen denken und was sie leben, geht häufig an der erwünschten Realität vorbei: Im stressigen Alltag ist trotz emanzipierter Sichtweisen der Rückfall in Altbewährtes sehr verführerisch, weil einfach die Zeit und Energie dafür fehlt, dem etwas Neues entgegen zu setzen. Wer aber Emanzipation wirklich als Mittel zur Unabhängigkeit ernst nimmt, muss als Frau selbstkritischer und sensibler werden: Dafür, was von uns als selbstverständlich erachtet wird, dass ein Mann dies für uns aufgrund körperlicher Überlegenheit, Fachwissen oder Ritterlichkeit erledigt.
Frauen sollten bei der Aufteilung von Aufgaben generell mehr darauf achten, was imagefördernd wäre, um ernst genommen zu werden, statt lediglich zu assistieren. Dieses Engagement im Hintergrund, in der Planung, im Vorausschauen und Eliminieren von Problemen dankt kaum jemand. Auch die Disziplin „Finde den Fehler“ ist nie positiv besetzt. Wer mag schon den Überbringer der schlechten Nachricht, den Bedenkenträger, Spaßverderber oder die Meckertante?

Die häufig von Frauen übernommene Zuarbeit, wie Material sichten und zusammenzufassen kommt sicher positiv zum Tragen, wenn beispielsweise Präsentationen vorbereitet werden müssen oder bei gemeinsamen Reisen Hintergrundwissen gefragt ist, doch spätestens, wenn der Mann weiß, wo es langgeht, ist er schnell wieder an der Spitze.
Trotz aller gesellschaftlichen Bemühungen scheinen verfestigte Rollenpräferenzen bei Mann und Frau weiterhin zu existieren. Möglicherweise begünstigt falsche Bescheidenheit oder mangelnder Rückhalt durch eine patriarchalisch orientierte Welt dieses weit verbreitete weibliche Verhalten. Viele Frauen sehen aber auch keine Notwendigkeit sich in die erste Reihe zu stellen, weil sie bisher auch so ganz gut zurechtgekommen sind. Der Präsenz und Wichtigkeit des Mannes wird auf diese Art jedoch wenig entgegengesetzt. Wer Lorbeeren als Frau ernten möchte, statt nur den Kranz zu flechten, benötigt tatsächlich neben einem stabilen Selbstwert einen ausgeprägten Leistungswillen.
Gerade beim Thema der Unabhängigkeit habe ich beobachtet, dass Frauen gedanklich Ideale kommunizieren und vertreten, die im realen Leben faktisch nicht zur Umsetzung kommen. Der Gedanke: „Ich bin emanzipiert“ mutiert im Alltag unbemerkt in die Richtung: „Ich mache, was ich will, delegiere Schwieriges und Unangenehmes an den Mann und suche mir meine Nische“.

Das Frauenbild in der öffentlichen Wahrnehmung wird sich nur ändern, wenn auch Energie für unangenehme oder männlich orientierte Aufgaben aufgebracht wird oder diese durch bessere Lösungen transformiert werden.

Omnipräsent oder unterprivilegiert?

Viele Frauen scheinen die eigene Lebensrealität als die Allgemeingültige anzusehen. Ebenso die Lebensumstände in denen sie selbst aufgewachsen sind. Manches wird gar nicht mehr hinterfragt. Junge Berufsanfängerinnen befinden, es gäbe Wichtigeres zu tun, als unbelehrbare Kollegen auf sexistisches Verhalten hinzuweisen oder ihre Zeit mit dem Gleichstellungs-Check zu vergeuden. Gleichzeitig integrieren sie in ihre Lebensrealität bewusst oder unbewusst die Annehmlichkeiten, die ein rollenorientiertes Dasein bieten kann. Dem gegenüber stehen Frauen, die sich selbst in Rollen hineinmanövrieren, die sie so eigentlich nicht übernehmen wollten und jene, die immer noch glauben, Frauenfragen hätten nichts mit ihnen zu tun.

Einigen unbekannt ist diese These: Bevor die Menschen sesshaft wurden, waren die Geschlechter weitestgehend gleichgestellt[11]. Erst nachdem aufgrund von Länderbegrenzungen und Besitzverhältnissen Kriege geführt wurden, entwickelte sich eine neue Gesellschaftsform in der Frauen unterprivilegiert waren. Durch die Sesshaftigkeit bekamen sie immer mehr Kinder, die Aufgaben verschoben sich, der Mann kehrte als Verteidiger aus Kriegen zurück und ließ sich feiern.

Das Magazin *National Geographic* skizziert die Unterdrückung der Frau so: *„Frauen werden aus Machtpositionen und Bildungseinrichtungen ausgeschlossen und dadurch wiederum als weniger wert wahrgenommen, wodurch der verwehrte Zugang wiederum gerechtfertigt erscheint – ein Teufelskreis, der sich bis ins 20. Jahrhundert zieht“.*

---

[11] https://www.nationalgeographic.de/geschichte-und-kultur/2023/01/patriarchat-schwache-geschlecht-kulturelle-erfindung-frau-mann-gleichberechtigung

Inzwischen sind so manche Verfehlungen vergangener Zeiten behoben, doch tatsächlich haben wir uns an so viele Dinge gewöhnt, dass sie gar nicht mehr auffallen. Auch Männern sind diese Hintergründe oft nicht bewusst.

Bereiche, in denen Frauen zu wenig Einfluss haben, gibt es auch heute noch: Das Internet wurde beispielsweise überwiegend von Männern gestaltet, auch nehmen diese durch ihre berufliche Vormachtstellung bedeutenden Einfluss auf Politik und Gesellschaft. Die Weltgeschichte wurde von Männern geprägt und aufgeschrieben. Frauen hingegen wurden in der Vergangenheit systematisch aus Wissenschaft und Philosophie ausgeschlossen und galten schon seit Aristoteles Zeiten als minderwertig, was durch zahlreiche Schriften[12] belegt ist.
Frappierend sind heute jedoch andere Beispiele. Die Tatsache, dass es bis 2015 keine Kunstherzen für Frauen gab, ist nur eines davon. Der verbesserte Stand der Technik macht inzwischen kleinere Kunstherzen möglich, doch in der Medizin wird nach wie vor überwiegend von einem "Einheitsmenschen" ausgegangen – dem Mann.
Dies hat gute Gründe: In Medikamenten-Studien werden Frauen oft wegen dem Risiko für ungeborenes Leben ausgeschlossen, daher sind viele Arzneimittel für sie gar nicht zugelassen, werden aus der Not heraus jedoch trotzdem angewendet. Eine falsche Dosierung könne die Folge sein, meint Andreas Grund, der mit seiner Firma GCP Services in Bremen klinische Studien im Auftrag von Arzneimittelherstellern durchführt.[13]

---

[12] https://www.deutschlandfunkkultur.de/das-gelehrte-frauenzimmer-eine-andere-geschichte-der-philosophie-100.html
[13] Quelle: https://www.swr.de/wissen/gendermedizin-klinische-studien-speziell-fuer-frauen-100.html

Der Umstand der Fruchtbarkeit scheint tatsächlich ein durchgehender Fallstrick in Sachen Gleichstellung zu sein: Die Sesshaftigkeit der Menschheit zog eine Erhöhung der Geburtenrate nach sich, was wiederum Frauen gesundheitlich in die Defensive brachte und ihre Lebenserwartung sinken ließ. Krieg und Ausbeutung begründeten patriarchale Macht, während die Frau an Wert verlor, was durch das Christentum und den proklamierten biblischen „Sündenfall" eine Berechtigung erhielt.
Einziges Plus: Nur wegen ihrer Fruchtbarkeit und dem damit einhergehenden Erhalt der Menschheit unterlagen Frauen dem männlichen Schutz. Auch heute ist Schwangerschaft, zumindest im beruflichen Umfeld, negativ besetzt: Nach der Ausbildung kommen Frauen lt. statistischen Erhebungen für berufliche Weiterbildungen weniger infrage als Männer. Dies liegt am geringen Investitionswillen von Arbeitgebern, die den Ausfall durch Schwangerschaft und Familiengründung befürchten.
Fruchtbarkeit erschwert demnach für Frauen seit jeher den Erhalt der Gesundheit und ein frei gestaltetes Leben.
Auch die Nachwirkungen einer kontinuierlich aufgebauten patriarchalen Gesellschaft durchweben bis heute unseren Alltag.

Die Journalistin *Caroline Criado-Perez* beschreibt in ihrem Buch *„Unsichtbare Frauen"*, wie sich durch etablierte Vorurteile, unsere Sprache und unsere Kultur, eine unterschwellig akzeptierte männliche Realität gebildet hat: Laut der Autorin gibt es die Benachteiligung von Frauen aufgrund des Gender Data Gap in allen Lebensbereichen.
Zum Beispiel im Lehrplan, der Politik, der Stadtplanung, der Sicherheit, sogar in der Förderung von Freizeitangebo-

ten für Jugendliche. Der Gender Data Gap führe in der Folge zur Nichtbeachtung weiblicher Bedürfnisse. In ihrem Buch entlarvt sie sogar die Spracherkennungssoftware von Google als frauenfeindlich, da diese aufgrund der eingespeisten Daten männliche Sprache mit 70% höherer Wahrscheinlichkeit erkennen würde.
Inzwischen wurde die Öffentlichkeit für derartige Fragestellungen auch durch die Einführung künstlicher Intelligenz sensibilisiert. Werden *ChatGPT* (Chatbot mit künstlicher Intelligenz) überwiegend mit Daten „gefüttert", die ein männlich geprägtes Gesellschaftsbild generieren, kann dies zu frauenfeindlichen Ergebnissen führen.
Caroline Criado-Perez beschreibt in ihrem Buch weiterhin, dass nach Naturkatastrophen Häuser gebaut wurden, die keine Küchen hatten. Der Grund: Es wurden keine Frauen in die Planung miteinbezogen. Sie führt außerdem eine finnische Studie an, nach der sich unverheiratete Frauen besser von Herzinfarkten erholen würden als verheiratete, weil Ehefrauen nach ihrem Krankenhausaufenthalt pflichtschuldig gleich die Hausarbeit wieder aufnehmen würden.
Vergessen werden darf in diesem Zusammenhang jedoch nicht, dass die Lebensrealität der Autorin herkunfts- und generationenbedingt nicht unbedingt auf die Lebensrealität moderner Frauen übertragbar ist.
Das Bild, das Criado-Perez mit verschiedenen Beispielen zeichnet, ist sicherlich abhängig von dem jeweiligen Land in dem Daten, bezüglich der Benachteiligung von Frauen, erhoben wurden. Doch die Gefahr, die eigenen Bedürfnisse für andere hintenan zu stellen, Verantwortung zu übernehmen und stets als Frau im Hintergrund zu wirken, sollte nicht unterschätzt werden. Nicht nur der hormongesteuerte Nestbautrieb, die bedingungslose Liebe zu Kind und Part-

ner befeuern dieses Verhalten– auch die ungleiche Bewertung von unbezahlter häuslicher und externer Arbeit ist für Frauen von Nachteil.

Der bereits verstorbene Unternehmer *Götz Werner*, der Drogeriemarktkette dm, hat einmal ganz klar formuliert, was es bedeutet, an der „Familienfront“ zu arbeiten: Er hat den Rollenwechsel geprobt und erzählt in seiner Biografie *„Womit ich nie gerechnet habe"* von den Herausforderungen mit Kindern zuhause alleine den Alltag zu meistern.
Götz Werner beschreibt, wie anstrengend es ist, von morgens bis abends zur Verfügung zu stehen, keinem eigenen Rhythmus nachzugehen und keinen eigenen Interessen zu folgen: *„Es gibt keinen Plan, den man abarbeitet und bei dem man sich am Ende auf die Schulter klopft, wenn alles geklappt hat. Denn es klappt nichts. Nie ist etwas fertig. Muttersein hört nie auf."*

Wer daheim arbeitet, betreut, den Haushalt und das Drumherum verantwortet, weiß nicht, was er den ganzen Tag eigentlich getan hat. Hier zeigt sich ganz deutlich das Problem der fehlenden materiellen Anerkennung der Haus- und Erziehungs-Arbeit, weil diese eben kein greif- und messbares Endprodukt vorzuweisen hat. Hinzukommt: Kinder können selbst für ein eingespieltes Team zur Belastungsprobe werden. Dann, wenn jeder vom anderen denkt, der hätte noch Reserven.
Aktives Wechseln von Rollen kann daher immer zu mehr Verständnis und Wertschätzung führen. Einseitige feministische Betrachtung ist hier nicht hilfreich. Fälschlicherweise werden die Stressfaktoren eines weiblichen und männlichen Rollenverhaltens selten gleichgestellt. Frauen fühlen

sich häufig belasteter, doch sind sie es wirklich? Bekommen Männer für die Darstellung überfordernder Umstände überhaupt Raum? Belastbarkeit ist kein eindeutiger Gradmesser, Menschen sind physisch und psychisch unterschiedlich aufgestellt, dies lediglich am Geschlecht festmachen zu wollen führt nur zu weiterem Klischee-Denken.

Sicher ist, dass wir uns vieler Mechanismen, die Gleichstellung verhindern, nicht bewusst sind. Diese nicht nur anzuprangern, sondern aktiv durch das eigene Verhalten mitzugestalten, ist notwendig, wenn Veränderung stattfinden soll. Wenn Männer sich selbst zugestehen würden, mehr auf sich und ihre Familie zu achten, weniger leistungsorientiert zu sein und mehr am Leben selbst zu arbeiten, könnte sich auch im vorherrschenden Leistungsdenken unserer Gesellschaft etwas verändern.
Gerade die Angst, sich selbst und die Familie finanziell absichern zu müssen, befeuert alte Rollenbilder. Hier müssten sich Frauen mehr in der Verantwortung sehen, statt als Bewahrerin von Werten in der Defensive zu bleiben.
Wir leben in einer privilegierten Zeit, die es uns ermöglicht, nicht nur unser Leben zu erhalten, sondern auch gemeinsam Wertvorstellungen zu entwickeln und aktiv zu leben.

Frauensache

Die geforderten Veränderungen im Rollenverhalten sind zwar theoretisch in unseren Köpfen angekommen, werden aber häufig nicht gelebt, denn spätestens, wenn die wirtschaftliche Relevanz von Partnern ins Spiel kommt, ist es *„Aus"* mit der Gleichberechtigung. Dies betrifft vor allem Familien. In der Pandemie fand sich deshalb so manche Frau mit ihrem Laptop am Küchentisch wieder, Mütter jonglierten mit Raum- und Zeitmangel, unausgelasteten Kindern und Pandemie-Auflagen, während der Partner den einzig verfügbaren Raum für wichtige Online-Meetings beanspruchte.

Und das hatte eine ganz natürliche Berechtigung: Im Grunde geht es der Menschheit nicht um das Thema Mann oder Frau, sondern nur um die Schaffung bestmöglicher Bedingungen zur Existenzsicherung. Und egal, wer diesen Part inne hat: Niemand bremst sich selbst aus, nur weil fehlende Gleichstellungs- oder Selbstverwirklichungs-Möglichkeiten plötzlich unterm Brennglas liegen.

In diesen Situationen müssen wir uns auf die Stabilität einer Lebensgemeinschaft verlassen und nicht gegeneinander arbeiten.

Ich meine ausgemacht zu haben, dass die wirtschaftliche Relevanz innerhalb von Partnerschaften einer der Knackpunkte von Gleichstellung ist: Solange Frauen keiner steuerlich messbaren Arbeit nachgehen oder durch eine ideelle Berufswahl, zugunsten von Wertvorstellungen, an wirtschaftlicher Relevanz verlieren, entsteht ein Ungleichgewicht. Eine materielle Abhängigkeit zum Partner und allgemein eine geringere Einflussnahme auf das politische und gesellschaftliche Geschehen sind die Folge.

Die Frauenzeitschrift *myself* titelte einst vollmundig: *„Der (richtige) Mann im Hintergrund": Kamala Harris und Angela Merkel haben es vorgemacht.*
Ich denke Berichterstattungen dieser Art gehen in die falsche Richtung. Sicher ist es wichtig, dass Männer Zeichen für andere Männer setzen, dennoch hilft es nicht, den Spieß einfach umzudrehen und Männer generell als Rückenfreihalter für weibliche Karrieren zu rekrutieren.
Was meines Erachtens helfen würde, ist eine reale Angleichung der Geschlechter in ihren Vorstellungen vom Leben, sodass Aufgaben unabhängig vom Geschlecht ausgefüllt werden könnten.
Vielleicht muss dabei nicht das männliche und das weibliche Prinzip aufgegeben werden, im Gegenteil, der Rollentausch bei rollengeprägten Berufen würden das Portfolio sicher bereichern, wir könnten unterschiedliche Blickwinkel einnehmen und es gäbe weniger Kritikpunkte, wenn man sich in der Zielerreichung einig wäre.
Doch solange es etwas Auffälliges ist, wenn Frauen das Gleiche wie Männer tun und umgekehrt, ist die Grundlage für Gleichstellung nicht gegeben.

„Jeder Mensch kann die Motivation und die Kompetenz entwickeln, zu erkennen, wann das eigene Denken, Fühlen und Handeln von einem Stereotyp beeinflusst ist – und diesem Einfluss dann gezielt entgegenwirken."[14]

Deshalb versuche ich inzwischen, nach dem Umkehrschluss zu urteilen und zu entscheiden: Fehlende Gleichstellung kann nur dann entlarvt werden, wenn wir uns fragen, wie

[14] https://www.bpb.de/themen/bildung/dossier-bildung/315992/bildungsungleichheiten-zwischen-den-geschlechtern/

würde ich im umgekehrten Fall die Situation beurteilen? Denn auf diese Art würden auch Frauen im Mechaniker-Overall nicht mehr als attraktive Ausnahmeerscheinung durchgehen.
Wenn wir selbst unsere automatisch wirkenden Bewertungsmuster infrage stellen und uns diese bewusst machen könnten, wäre schon viel gewonnen. Denn das, was die Gesellschaft als Rollenbild hervorbringt, hängt von jedem Einzelnen ab. Gedankengut leben und weitergeben, nur so wird Veränderung möglich.
In diesem Zusammenhang möchte ich auf Frauenliteratur aufmerksam machen, die in Romanform die Benachteiligung von Frauen thematisiert. *„Eine Frage der Chemie"* von *Bonnie Garmus* hat beispielsweise sehr viele Frauen beeindruckt, nicht zuletzt, weil hier eine Frau entgegen aller Widerstände die Kontrolle über ihr Leben behält. Das Buch hat sich eine Bestseller-Auszeichnung verdient, trotzdem wundere ich mich, warum sich so viele Frauen mit dem Thema identifizieren können, wenn doch unser modernes Leben inzwischen andere Fragestellungen bereit hält.
Literaturredakteur *Gerrit Bartels* merkt hierzu kritisch an: *„Mitunter ist es arg offenkundig, wie Bonnie Garmus hier aus heutiger Perspektive auf die fünfziger Jahre blickt."*

Die Anerkennung der Benachteiligung von Frauen ist wichtig. Auch das Verständnis für feministische Kämpfe und Fragestellungen. Sich bestätigt zu fühlen, ist jedoch kein Freibrief für Untätigkeit oder unkritisches Verhalten, denn die individuelle Selbstwirksamkeit, begründet sich in den alltäglichen Denkmustern und Verhaltensweisen eines jeden.

Wünsch' Dir was

Die Medien geben dem Streben nach dem passenden Partner mit den entsprechenden Sendungen viel Raum.
Doch wie oft treffen wir tatsächlich in unserer Umgebung auf diese vermeintlichen Traumpaare, und wie viel von dem, was nach außen kommuniziert wird, entspricht der Realität?

Laut einer Studie der Partnervermittlung *elitepartner.de* wollen 95 Prozent der befragten Frauen einen treuen und warmherzigen Partner an ihrer Seite haben. Humor, Gefühl und Offenheit machen ebenfalls attraktiv. Unabhängige und fürsorgliche Männer findet jede achte Frau besonders anziehend. Doch auch der starke Typ, der zugleich familienorientiert, sinnlich und sensibel ist, wird begehrt.
Gewünscht ist demnach die *„eierlegende Beziehungswollmilchsau“*, so Single-Beraterin *Lisa Fischbach.*
Das haben wir ja irgendwie schon geahnt.

Prof. Renate Köcher, Geschäftsführerin des *Instituts für Demoskopie Allensbach* sagt: *„Männer sehen sich heute mit hohen Erwartungen konfrontiert: Sie sollen gleichzeitig berufs- und familienorientiert sein, sich intensiv um die Kinder kümmern und vermehrt Aufgaben in Haushalt und Familie übernehmen, selbstbewusst und gleichzeitig einfühlsam sein, eigene Gefühle zeigen und eine selbstbewusste Partnerin schätzen.“*

Dass die Präferenzen von Frauen und ihre stattdessen gewählte Lebensrealität am Ende wenig übereinstimmen, irritiert und lässt vermuten, dass diese einfach nicht reali-

sierbar sind, solange Frauen sich nicht auch selbst in eine entsprechende Richtung bewegen.
Statements, die für eine unabhängige weibliche Persönlichkeit sprechen, werden bei Befragungen gerne angegeben, halten der Überprüfung jedoch meist nicht stand.
Hier ein Beispiel: 58 Prozent der Single-Frauen gaben an, ihnen sei es in Verbindung mit einem Mann nicht wichtig, einen größeren Partner zu haben, tatsächlich leben aber 87 Prozent der liierten Frauen mit einem größeren Partner zusammen. Zufall? Oder sind die kleineren Männer zahlenmäßig einfach unterlegen? Würden wir ja so gerne einen kleinen Mann haben, aber er ist einfach nicht aufzutreiben? Für eine Selbstüberprüfung halte ich den dargestellten Punkt auf jeden Fall interessant.

Ziehen wir die Geldfrage heran, zeigt sich: Nur 25 Prozent der Frauen legt laut Studie Wert auf einen Mann, der mehr verdient als sie selbst, doch in der Realität haben 63 Prozent aller Frauen einen Partner mit einem höheren Einkommen. Auch die messbare Affinität zu einem älteren Mann wird von den Frauen selbst nicht wahrgenommen.

Psychologin *Lisa Fischbach* erklärt[15]: *„Bei Kriterien wie Alter, Verdienst oder Körpergröße spielt häufig die Tendenz zur sozialen Erwünschtheit eine Rolle. Viele wollen eher einem modernen, offenen Selbstbild entsprechen und zeigen, angesprochen auf ihre Präferenzen, eine tolerante Sichtweise. Bei der tatsächlichen Partnerwahl kann dann unverfälscht beobachtet werden, welche Dynamik wirkt.*

[15] Quelle: Elite Partner 2018 – https://www.elitepartner.de/magazin/ihn-verstehen/attraktive-maenner/

Trotz eines modern postulierten Geschlechterverständnisses beeinflussen offensichtlich auch noch ganz konservative, fast archaische Wahlmuster die Partnerwahl.“

Dies verdeutlicht, dass weibliches Verhalten und das Selbstbild, das von Frauen gerne gezeichnet wird, häufig nicht mit der gelebten Realität übereinstimmen.
Welche Dynamik hingegen in jungen Beziehungen oder beim Kennenlernen zum Tragen kommen ist, vor allem in Partnervermittlungsforen, gut dokumentiert[16].
Hier stehen sich archaische Verhaltens- bzw. Bewertungsmuster und moderne Statements klar entgegen.
Männer berufen sich dort inzwischen gerne auch mal auf die emanzipierte Frau und sind nicht mehr bereit, die Rolle des Ritters, Werbenden oder Zahlungskräftigen zu erfüllen.
Dass im überholten Rollenverhalten ein Ausgleich zum Bezahlen der Rechnung mit weiblicher Gesellschaft, Zuneigung und Sex stattfindet, ist hinlänglich bekannt.
Schön, dass sich hier eine Sensibilisierung etabliert hat.
Dennoch wird auf der Gefühlsebene eine Einladung durch den Mann immer noch als Wertschätzung interpretiert: Es mag eine Generationenfrage sein, doch bei vielen Frauen gilt ein Mann, der die Rechnung eines gemeinsamen Essens nicht bezahlt, als uncharmant und geizig. Kopf und Bauch liegen in diesem Fall noch immer weit auseinander. Das Gefühl dahinter: *„Wenn er meine Gesellschaft als wertvoll erachten würde, müsste ich nicht zahlen.“*
Altes Rollenverhalten lässt sich demnach schwer ablegen.
Frauen die immer noch zugunsten des Mannes gängige

[16] Quelle: Elite Partner –https://community.elitepartner.de/forum/frage/hoert-beim-geld-die-liebe-auf.66762/

Verhaltens- und Kommunikationsmuster beibehalten, obwohl sie von ihm keinen Respekt für ihre Belange erhalten, zahlen jedoch drauf. Sie geben möglicherweise ohne Gegenleistung weiterhin die Verständnisvolle, die Mütterliche, die Bestätigende: Der Mann als Zentrum des Gespräches, der Welterklärer, der Narzisst, der intellektuell Überlegene. Die Frau, die an seinen Lippen hängt und sich um sein Wohlergehen sorgt. Da wäre es doch das Mindeste, dass er für dieses Zusammentreffen die Rechnung bezahlt.

Der Glaube, der Mann sei in all seinen Belangen wichtiger als die Frau, das Erteilen von Vorschuss-Lorbeeren oder die Bequemlichkeit, ihn einfach reden zu lassen, bestärkt Männer in ihrem unreflektierten Verhalten.

Gesellschaftlich wird sich jedoch insgesamt nichts ändern, solange auch Frauen manipulieren und sich durch anerkennendes und sexualisiertes Verhalten einen Gewinn erhoffen. Im Rollenverhalten ist demnach für beide Geschlechter noch ziemlich viel Luft nach oben.

Fakt bleibt: Solange kein Ungleichgewicht entsteht, das ehrliche Interesse am Gegenüber vorhanden ist, muss kein Ausgleich auf emotionaler, materieller oder sexueller Ebene stattfinden. Viele teilen aus diesem Grund gleich beim ersten Date die Rechnung und begegnen sich vorrangig als Mensch, statt als potenzielle Geschlechtspartner.

Die Frage für den einzelnen jedoch bleibt: Was wäre das Ideal einer modernen und emanzipierten Beziehung? Ist Partnerschaft immer noch eine Gratwanderung zwischen Gefallenwollen, Angenommenwerden, Ego, nötiger Abgrenzung und menschlichem Miteinander?

Unbestritten ist: Wenn zwei Menschen aufeinandertreffen, die sich in erster Linie ausschließlich für ihr eigenes Fortkommen interessieren, steht dies einer echten Partner-

schaft entgegen. Trotzdem verlieren sich immer noch überwiegend Frauen in Beziehungen aus den Augen, stellen den eigenen Werdegang hintenan, wechseln Stadt oder Land und setzen alles auf eine Karte.
Dass manche Männer im weiteren Verlauf aus weiblicher Sicht dann doch nicht so beziehungskompatibel sind, wie gewünscht, stellt sich leider oft erst heraus, wenn das Kind schon in den Brunnen gefallen ist. Und spätestes, wenn Sand im Getriebe ist, fällt plötzlich auf:

Der Partner, der kontinuierlich seine beruflichen Ziele verfolgt hat, steht in Sachen Unabhängigkeit besser da.

Hinzukommmt: Frauen, die mit Leib und Seele Kontrollfreaks oder Problemlöserinnen sind, scheinen einen Hang zu Männern zu haben, die gerettet werden müssen: Den geheimnisvollen Schweiger, den schlechte Kindheit-Gehabthaber, den Workaholic und den Beziehungsunfähigen. Warum aber wollen so viele Frauen in Beziehungen entweder von einem dominanten Mann auf Händen getragen werden oder eben gerne selbst die Retterin in der Not geben? Vielleicht schießen sich Frauen mit dieser Neigung regelmäßig selbst ins Aus.
Solange wir in einer Beziehung jedoch positiv aufeinander fixiert sind, sieht alles noch ganz rosig aus. Doch wenn im weiteren Verlauf Wunsch und Wirklichkeit nicht überein gehen oder die Persönlichkeitsentwicklung der beiden Partner im unterschiedlichen Maße stattfindet und es zur Trennung kommt, ist derjenige auf der Verliererseite, der in die Rolle des ausgleichenden Elements geschlüpft ist, der seine Karriere nicht verfolgt und darin auch keinen Selbstwert erlangt hat.

Missachtet wird bei den Lösungsansätzen zur Gleichstellung, dass die Konstellation der real vergleichbaren Karriere und Gehaltsstufe in Partnerschaften von Anfang an viel zu selten vorkommt.
Alleine diese, in vielen Fällen vorhandene, Ausgangslage lässt eine Frau im Vergleich zu ihrem Partner weniger verdienen, was zu einem materiellen Kräfteungleichgewicht führt. Selbst bei Beziehungen, die sich durch eine gemeinsame Studienzeit ergeben haben oder im gleichen beruflichen Interessensgebiet liegen, zeigen sich die alten Muster: Spätestens wenn es ums Kinderkriegen, ein eigenes Unternehmen oder einen Standortwechsel geht, überholt karrieretechnisch in den meisten Fällen der Mann.
Teilzeit ist in vielen Frauen-Biografien ab einem bestimmten Alter die Norm: Sie sind es, die halbtags, wie die fleißigen Bienchen die Kinder in Tagesstätten erziehen, den Herrenhaarschnitt oder Business- Lunch ermöglichen oder als Altenpflegerin arbeiten, während nebenbei die eigene Familie am Laufen gehalten werden muss. Nur bringt das leider nichts für sie selbst: Außer einer Rente unter dem Existenzminimum.
Es stimmt, nicht allen Frauen steht aufgrund ihrer Ausbildung eine Karriere überhaupt offen, doch viele streben diese trotz guter Ausgangslage nicht einmal an.
Wie bereits dargestellt, sind Frauen zudem meist jünger als der gewählte Partner, sie ergreifen einen schlechter bezahlten neigungs- oder werteorientierten Beruf und wählen vorzugsweise einen Mann mit stabilen Karriereaussichten.
Ob Frauen tatsächlich bei Ausübung des gleichen Berufs schlechter bezahlt werden, möchte ich an dieser Stelle nicht weiter beleuchten, denn es gibt hier Fehlinterpretationen der statistischen Auswertung und Missverständnisse.

Große Aufmerksamkeit erfuhr der Begriff Gender-Pay-Gap, als es um die unterschiedlich hohen Gagen von Hollywoodstars ging. Doch auch hier konnte keine direkte Relation hergestellt werden. Denn Frauen verdienen auch deshalb weniger, weil sie insgesamt weniger Angebote bekommen, die dann möglicherweise zusätzlich geringer dotiert sind. Der direkte Vergleich zu männlichen Stars, die teilweise die Stunts selbst absolvieren, ist vor diesen ungleichen Parametern schwer.

Laut der Medienwelt soll manches prominente Paar hingegen dennoch in Sachen Chancengleichheit ein leuchtendes Vorbild sein. Sehen wir uns ein Beispiel an: Ein Unternehmer und ein Tennis-Star ermöglichen sich gegenseitig ein Leben auf Augenhöhe, doch sie verfügen unbestritten einfach über mehr materielle Möglichkeiten zur Vereinbarkeit von Leben und Beruf, als die durchschnittliche Bevölkerung. Gleichstellung muss ein Paar sich nämlich vor allem „leisten" können.

Realistisch betrachtet verdienen Frauen jedoch tatsächlich im Schnitt immer noch weniger als Männer.

Wenn das Argument gleichqualifizierter Frauen zu einem geringeren Lohn Bestand hätte, müsste jede Firmenspitze daran interessiert sein, sich diesen wirtschaftlichen Vorteil zu sichern. Er müssten aus eigenem Interesse überwiegend Frauen eingestellt werden, wenn diese zu einem geringeren Lohn die gleiche Leistung erbringen würden. Das scheint nicht der Fall zu sein. Tatsächlich gibt es beispielsweise einen Leistungsunterschied bei berufstätigen Müttern. Denn Eltern dürfen per Gesetz, wegen der Erkrankung der Kinder, in einem gesetzlich definierten Rahmen zuhause bleiben, was überwiegend von Müttern genutzt wird. Hier greift die Gleichstellung von berufstätigen Paaren schon im

Privaten nicht, was ich bei meinen Ausführungen über die wirtschaftliche Relevanz von Frauen bereits beleuchtet habe.

Erfahrungen, die Arbeitgeber mit ihren Mitarbeitern machen, lassen sich zudem nicht gesetzlich vorschreiben.

Ehrliche Auskunft, was den Leistungsunterschied zwischen Frauen und Männern ausmacht, wird kaum eine Firma geben wollen. Einige dieser Vorurteile, wie ein höherer Krankenstand von Frauen, Befindlichkeiten und fehlende Zuverlässigkeit, habe ich in den verschiedenen Kapiteln zur Sprache gebracht.

Die Schuld liegt in einem rein wirtschaftlich orientierten System, das wir Frauen durch fehlende Teilhabe immer noch mitbegründen.

Warum sich Frauen oft selbst in schlecht bezahlte Berufe manövrieren oder aus vielversprechenden Positionen aussteigen, wird im Kapitel *„Weniger erfolgreich"* beleuchtet. Was die wenigsten wissen: Auch dies fließt in die Erhebungen der Gender-Pay-Gap Statistik mit ein. Fakt ist: Derjenige, bei dem es gehaltstechnisch weniger ins Gewicht fällt, beruflich auszusteigen, bleibt in der logischen Konsequenz eher zuhause, wenn es um unvorhergesehene Aufgaben, die Familienplanung, dem Erhalt von Wertvorstellungen oder die Übernahme von Haushaltspflichten geht.

Der wirtschaftlich weniger relevante Partner bleibt auf der Strecke, da es im Alltag kaum möglich ist, zwei Menschen einkommenstechnisch gleichzustellen und dabei alle Paar- und Familienbelange verträglich und gleichberechtigt zu gestalten. Vor dem Hintergrund der Arbeit-und Gewinnverteilung sind daher Lebensgemeinschaften hochexplosives Gebiet, denn in Partnerschaften und Familien ist das Gesamteinkommen, das gemeinsam erwirtschaftet werden

kann, ausschlaggebend für die meisten Entscheidungen. Je höher das Einkommen des Ehepartners ist, desto weniger sehen Frauen die Notwendigkeit, auf einen unabhängigen Lohnerwerb zu bestehen, da der reibungslose Ablauf der gemeinsamen Lebensführung in einer funktionierenden Beziehung einen hohen Stellenwert hat.
Das Erarbeiten dieser Abläufe hat jedoch kaum einen messbaren Gegenwert. Diese Arbeit schlägt sich weder positiv in einer Rente nieder, noch befeuert sie die Karriere. Vor dem Hintergrund, dass für eine zweite Vollzeitstelle meist ein weiteres Auto, Fahrt- und Präsenzzeiten, die Delegation haushaltsnaher Arbeiten und ausgeklügelte Betreuungsszenarien eingeplant werden müssen, wird häufig zugunsten des Familienfriedens und der Work-Life-Balance mit einem (vorübergehenden) Ausstieg aus dem Beruf gerechnet.

Frauen müssten also theoretisch darauf achten, sich von Anfang an nicht in eine wirtschaftlich schwächere Position hineinzumanövrieren.

Welche Folgen ein strategisch ausgeklügeltes, emanzipiertes Modell hätte und ob wir das überhaupt wollen, erläutere ich später in den Fragestellungen noch genauer.
Müssen sich Frauen demnach konsequenterweise weniger werteorientiert in Beziehungen einbringen? Oder suchen sie schlicht stets nach den falschen Partnern? Gibt es die Richtigen überhaupt? Es ist immens wichtig, sich in dieser Frage ehrlich zu positionieren. Ein umgekehrtes Szenario scheint die weibliche Psyche nämlich auch nicht zufrieden zu stellen: Ein Mann, der seine Karriere für Frau und Kind aufgibt und sich als Hausmann voll auf das Wohlergehen

der Familie ausrichtet, wird in unserer Gesellschaft immer noch überwiegend abqualifiziert. Die Krux daran ist, dass wir Frauen selbst, den rollenwechselnden Mann häufig als unattraktiv oder unzulänglich empfinden.
Erlischt bei Frauen das Interesse am Mann, wenn er nicht mehr ziel- und leistungsorientiert erscheint oder beruflich kürzer tritt? Und warum schätzen viele Männer an ihrer Partnerin häufig genau das?
Wenn sie ganz für ihn und das persönliche Umfeld da ist?
Vor diesem Hintergrund des Potpourris archaischer Partnerpräferenzen, unhaltbarer Anspruchshaltung, kognitiver Dissonanz und dem Hang zu emotionalen Entscheidungen wundert es mich jedenfalls nicht, dass Frauen überwiegend immer noch nicht gleichgestellt leben.
Ich verneine nicht, dass es Menschen gibt, die sich unbequemen Umständen und Situationen stellen.
Mein Anliegen ist es jedoch, darauf aufmerksam zu machen, warum dies auf psychologischer und wirtschaftlicher Ebene so oft trotz aller Bemühungen und Einsicht nicht funktioniert.
Alleine die Realität vieler Beziehungen scheint der Erwartungshaltung von Frauen nicht standzuhalten.
Doch Gleichstellung kann nur erreicht werden, wenn Frauen ihr Verhalten hinterfragen und Männer selbst ein Interesse daran entwickeln, die Notwendigkeit der Persönlichkeitsentwicklung auch für sich zu beanspruchen, Gesellschaft mitzugestalten und Freiräume für ein Leben, das Unabhängigkeit auf beiden Seiten ermöglicht, zu erschließen. Glücklicherweise existieren auch jetzt schon Paare, die den Traumhochzeit-Kandidaten vormachen, wie es geht. Die sich gegenseitig bestärken und gemeinsam entwickeln.
Denn Selbstwert und Entwicklungsmöglichkeiten können

sich durch die Synergie einer Paarbeziehung auch positiv verändern. Solange zwei Menschen als Team durchs Leben gehen, wird inneres Wachstum und Gleichberechtigung eine Chance haben.
Frauen und Männer sollten aktiv reflektieren, dass archaische Wunsch-Partnerbilder und das daraus resultierende Verhalten in Verbindung mit der geforderten Gleichstellung nicht tragfähig sind. Das individuelle Bedürfnis nach einer stimmigen und ehrlichen Definition für das Miteinander der Geschlechter muss geweckt werden.
Solange attraktive Frauen von intelligenten Männern nicht auf ihr Aussehen reduziert werden und muskulöse Männer auch mal Schwäche zeigen dürfen und nicht zwingend minderintelligent sein müssen, können auch Paare die sich aufgrund archaischer Wunsch-Partnerbilder gefunden haben, gleichgestellt leben: Mündet der Hang zum typisch Männlichen oder Weiblichen nicht in Rollenerwartungen, ist alles im grünen Bereich. Solange Männer und Frauen in einer gleichgestellten Beziehung nicht nur die gleichen Rechte, sondern auch die gleichen Pflichten haben, ist alles vorbildlich. Feminismus konzentriert sich in meiner Wahrnehmung jedoch überwiegend auf das Recht zur Gleichstellung ohne auf die Annehmlichkeiten eines weiblichen Selbstverständnisses zu verzichten.

Nachgefragt

Ich glaube, dass vor allem das immer noch vorherrschende weibliche Bewerten, Denken und Verhalten fehlende Gleichstellung von Frauen und Männern begünstigt und zu einer Abhängigkeit führt. Dieses Verhalten wurde von unserer Gesellschaft jedoch von vergangenen Generationen begründet, als normal betrachtet und auch eingefordert.
Frauen, die sich anders positionieren, werden häufig als zu forsch, ehrgeizig und egoistisch wahrgenommen. Gleichzeitig fehlen genau diese Frauen an der Spitze, um die Frauenquote und Vorbildfunktionen zu erfüllen.
Mir ist es wichtig, dass jede Frau sehenden Auges ihre Lebens-Entscheidungen trifft, deshalb möchte ich zum Reflektieren anregen, wenn vorhanden, auch gemeinsam mit dem Partner. Zu beachten gilt: Überwiegend sind es statistisch betrachtet immer noch Frauen, die sich finanziell und emotional abhängig machen und im Falle eines Falles den ursprünglich durch Partnerschaft erarbeiteten Lebensstandard für sich alleine nicht mehr halten können.

Meine nachfolgenden Anregungen habe ich ganz bewusst „lebensfern" formuliert. Keine Frau könnte oder würde alle genannten Punkte in dieser Form akribisch verfolgen wollen. Dennoch fordere ich dazu auf, durch eigene Reflexion und Erweiterung der Fragen die persönlich richtigen Antworten auf mögliche Problemstellungen zu finden, um zu einem ehrlichen Selbstbild zu gelangen. Dies müsste aus der reinen Logik heraus nämlich stattfinden, wenn wir es mit der Gleichstellung wirklich ernst meinen, denn Männer folgen bereits vielen der genannten Punkte, ohne darüber überhaupt nachdenken zu müssen!

Sie sind wettbewerbs- und zielorientierter als Frauen, nehmen Anstrengungen und fehlende Persönlichkeitsentwicklung in Kauf und erfahren durch Einkommen und Lebensstandard gesellschaftliche Akzeptanz.
Emotionaler Ausgleich wird durch die Partnerin oder das Familienleben geschaffen und jeder kennt den Spruch: Hinter einem erfolgreichen Mann steht eine starke Frau.

Mir liegt es fern, auf die Umkehrung dieses Partnerschaft-Modells zu drängen, jedoch wird es Zeit, dass Frauen bemerken, wann sie sich einen eigenen Weg verbauen. Es ist wichtig, dass ihnen die daraus folgenden Konsequenzen bewusst sind, um diese rechtzeitig abfedern zu können.

Das Erwerbsleben hat sich zwar der Gleichstellung angenähert, doch Männer sind wirtschaftlich gesehen nach wie vor relevanter als Frauen.
Ausgehend von weiblicher Altersarmut beschäftigen sich die meisten der folgenden Fragen mit der Abhängigkeit zu Männern und dem Verbleib von Frauen im Arbeitsleben.
Dass Frauen mehr unbezahlte Arbeit leisten, als Männer ist eine Entscheidung, die oftmals aus Wertvorstellungen und sozialen Gründen freiwillig gefällt wird. Unbezahlt heißt vor allem, dass keine Steuern, Altersvorsorgezahlungen u.a. für die geleistete Arbeit gezahlt werden müssen und weder eine Rente, eigenes Vermögen oder eine gesellschaftlich anerkannte Qualifizierung erarbeitet werden kann.

Die Art der folgenden Fragestellungen entspricht nicht meiner Meinung oder Lebenseinstellung, sondern versucht, auf versteckte Bewertungsmuster und Kognitive Dissonanz hinzuweisen.

1. Wie definiere ich mich als Frau?

Im Vergleich zu Männern haben Frauen häufig eine ganz andere Einstellung zum Leben und eine differenziertere Art und Weise, wie sie kommunizieren, interpretieren, bewerten, agieren. Dieser subjektive Eindruck mag an dem Umstand liegen, dass Männer ihr Denken und Fühlen weniger nach außen tragen, doch die wenigsten Männer finden sich beispielsweise in Männergruppen zusammen, in denen man sich damit beschäftigt, Verbundenheit mit sich selbst und anderen zu erleben. Das Angebot einer Frauengruppe liest sich beispielsweise so: *Finde Impulse für das Wertschätzen der eigenen Geschichte, die Anerkennung der Weisheit des Körpers, das Spüren von Selbstliebe und Selbstmitgefühl, das Kreieren von Ritualen für die Selbstheilung, das Stärken von Selbstregulation und Resilienz, das Auffinden und Nutzen von Ressourcen, das Erleben von Verbundenheit.*
Einige Frauen suchen demnach aktiv nach Abgleich, Entwicklung, Gemeinschaft und Austausch.
Sicherlich schwankt dieser Ansatz von Frau zu Frau und ist bei manchen kaum oder gar nicht ausgeprägt.
Abgesehen davon, dass es unmöglich ist, Menschen überhaupt als statistisch messbares Element zu klassifizieren, da es ihnen heute mehr denn je freisteht, sich abweichend vom biologischen Geschlecht zu verhalten.
Es gibt Männer in Frauenkörpern und Frauen, die sich überhaupt nicht einbinden und klassifizieren lassen und daher auch nicht unbedingt nach Gruppen suchen.
Das gesamte Spektrum des „Frauseins" aufzulisten wäre unmöglich, doch sich selbst einmal diese Frage zu beantworten und damit zu positionieren, kann für die eigene Persönlichkeitsentwicklung wichtig sein.

2. Wie wichtig ist mir Gleichstellung?

Sehr wichtig? Dann werde ich als Single den Gleichstellungsanspruch nach außen tragen und vorantreiben, in dem vollen Bewusstsein, meine eigenen Ansprüche auch selbst erfüllen zu müssen. Ich werde zudem nur Beziehungen zu Menschen eingehen, die bereit sind, die gängige Rollenverteilung aufzugeben, auch wenn sie dadurch beispielsweise einen bereits erworbenen höheren beruflichen Status zu verlieren hätten. Wäre ich bereit, dies selbst zu tun? Und gäbe es Lösungen für aufkommende Zwiespalte?
Habe ich bereits einen Partner gewählt, wäre dieser bereit, mir den Rücken für meine Karriere freizuhalten und könnte dies so umgesetzt werden, dass ich nach meiner Arbeit zuhause nicht noch „nacharbeiten" muss?
Wäre dies gleichgestellt und wenn nicht, warum wird dieses Modell im Gegenzug von Frauen so oft gewählt?
Gäbe es finanzierbare Möglichkeiten, gemeinsame Aufgaben an Dritte auszulagern? Wenn nicht, wie wären die Aufgaben gerecht zu teilen? Kann diesbezüglich eine Liste mit allen anfallenden Arbeiten erstellt werden, auch derer, die als selbstverständlich betrachtet werden, zum Beispiel das Besorgen von Geschenken und die Pflege sozialer Belange?

Diese Fragestellungen muten absurd an, denn jeder Mensch tariert automatisch aus, an welchem Punkt er in seiner Entwicklung steht und welche Kompromisse er für eine Partnerschaft eingehen möchte.
Dennoch wäre es interessant, zu hinterfragen, welchen Gleichstellungsanspruch wir kommunizieren, gesellschaftlich und politisch vorantreiben und inwieweit dieser von uns selbst gelebt wird.

3. Will ich Familie?

Menschen bekommen teilweise geplant, aber auch aus heiterem Himmel Kinder. Wenn jeder mit akribischer Logik an das Thema herangehen würde, gäbe es wahrscheinlich keinen Nachwuchs mehr und viele wertvolle Persönlichkeiten hätten nicht das Licht der Welt erblickt.
Hinzukommt: Aus Krisen erwächst Neues, oftmals etwas Besseres oder es trägt zur Persönlichkeitsentwicklung bei.
Es mutet daher aus emotionaler Sicht befremdlich an, sich die nachstehenden Fragen zu stellen:
Habe ich bereits ein Kind oder mehrere und wird die (mentale) Verantwortung und Arbeit hierfür geteilt?
Zur Kinderwunsch-Frage: Habe ich schon eine Entscheidung getroffen? Friere ich möglicherweise Eizellen für eine spätere Mutterschaft ein, weil ich weiß, dass mir meine aktuellen Lebensumstände keine Familie ermöglichen?
Beschäftige ich mich mit dem Thema Verhütung?
Würde ich in meiner Branche einen familienfreundlichen Arbeitgeber mit attraktiven Kind- und Karrieremodulen und/oder Betriebskindergarten finden oder wäre ich alternativ erfolgreich selbstständig und könnte innerhalb meiner Berufstätigkeit eine Mutterschaft verkraften?
Falls nicht, was wäre mein Plan? Gäbe es klare Übereinkünfte mit dem Vater? Kann ich zudem bei meinen Überlegungen das Scheitern einer Beziehung miteinplanen? Hätte ich als Alleinerziehende das nötige Netzwerk und Zukunftsperspektiven in meinem Job?
Letztlich sind die Konsequenzen für das „Ja" zum Kind für Frauenbiografien immer noch gravierend. Denn die Vereinbarkeit von Familie und Beruf gibt es bis heute nur für sehr wenige Menschen.

4. Wie relevant bin ich für die Wirtschaft?

Die folgenden Fragen müssen Frauen sich stellen, weil Männer und ihre Partner sie sich nicht stellen, sondern das meiste bereits umsetzen! Männer wollen, dem Klischee nach, von Anfang an viel Geld verdienen, denn materielle Mittel stehen in unserer Gesellschaft für Einflussreichtum, bessere Chancen bei der Paarfindung und Unabhängigkeit.

Warum ist mir wirtschaftliche Unabhängigkeit möglicherweise egal? Könnte ich mir diese Einstellung „leisten"?
Wenn nicht, wie finde ich den richtigen Job, wieso ist es hinsichtlich der zu erwartenden Entlohnung relevant, wie viele Menschen diese Arbeit zu welchem Lohn ausführen und ob es Karriereaussichten gibt.
Warum wäre es gut, Spezialistin bzw. Expertin zu sein? Hätte ich die Fähigkeiten dazu?

Muss ich mir möglicherweise eingestehen, dass ich keinen Job finden kann, meine Kapazitäten an anderer Stelle benötige oder nicht mehr leisten will oder kann? Bin ich gut ausgebildet und hatte als Berufsanfängerin genügend Zeit meine Position für eine spätere Karriere zu festigen?
Falls nicht, warum und was kann ich tun? Gibt es beispielsweise Orientierungs- oder Qualifizierungsangebote, Fortbildung, Umschulungen oder Auslandsaufenthalte, die ich nutzen könnte, um mich besser zu profilieren?

Ist mir bewusst, dass im späteren Verlauf ein Gehalts-Unterschied zum Partner zufolge haben kann, dass wegen fehlender wirtschaftlicher Relevanz mein erlernter Beruf in der Beziehung weniger Priorität erhält?

Hintergrund der Fragestellungen ist: Die meisten Männer streben danach, auch als Berufsanfänger nach kurzer Zeit mehr zu verdienen. Sie fragen nach einer Erweiterung des Aufgabenspektrums und verlangen öfter eine Gehaltserhöhung. Männer erhalten statistisch belegt eher Fortbildungen als Frauen und wollen ihr Gehalt stetig verbessern. Sie bewerben sich auch selbstbewusst um Positionen, die über ihren Qualifikationen liegen.

Männer steigen wegen der Vaterschaft nicht aus ihrem Beruf aus und erlauben sich Leistungsschwäche seltener. Männer interessieren sich für möglichst hoch dotierte Berufe und stehen untereinander in Konkurrenz. Den Vergleich mit einer Partnerin müssen sie meist nicht scheuen, denn wenn sie leistungsstärker oder älter als die Frau sind, geht dies häufig mit einem Gehaltsvorsprung einher.

Frauen richten sich hingegen beruflich gerne vollständig nach ihren Neigungen aus und behalten dabei Aufstiegschancen und Gehalt nicht im Blick. Das finanzielle Ungleichgewicht zu einem karriereorientierten Partner ist so vorprogrammiert.

Als wirtschaftlich weniger relevante Partnerin steigen sie eher aus dem Beruf aus, um nötige, unentgeltliche Arbeiten zu übernehmen, die der Bequemlichkeit des Paares und dem Erhalt gemeinsamer Werte dienen. Auch moralische und verpflichtende Aufgaben, wie die Betreuung und Pflege von Angehörigen wird übernommen. Wirtschaftlich relevante, hochdotierte Jobs werden von Frauen proportional weniger häufig ergriffen, daraus resultiert weniger feministischer Einfluss bei gesellschaftlichen Fragen.

Hinzukommt: Die berufliche Karriere- und Orientierungsphase von Frauen fällt aufgrund des biologischen Zeitfensters häufig mit der Familiengründung zusammen.
Die weibliche, *evolutionär* bedingte Neigung zu erfolgversprechenden oder karrieretechnisch bereits etablierten Partnern, macht das Vorantreiben der eigenen Karriere für die meisten Frauen unattraktiv, da dies in der Umsetzung sogar zur Reduzierung des Gesamteinkommens führen kann, wenn beispielsweise Honorar für Kinderbetreuung oder Haushalt aufgrund der eigenen Abwesenheit an Fremde ausgezahlt werden muss.
Paare rechnen darüberhinaus sehr genau nach, ob – oder in welchem Umfang, sich eine weitere Arbeitsstelle lohnt.
Die Kosten für Mobilität, ein hoher Abspracheaufwand und das fehlende Netz für unvorhergesehene Krisen führt oftmals zur Reduzierung einer oder beider Arbeitsstellen.
Häufig wird bei diesen Entscheidungen nur die aktuelle Lebenslage berücksichtigt. Normalerweise haben Frauen aber nach der Kindererziehung durchschnittlich noch über zwanzig Jahre Erwerbsleben vor sich, die dann aufgrund von (Fehl)-Entscheidungen während der Familienzeit nicht mehr im adäquaten Maße genutzt werden können.

Spezialistinnen sind auch in Teilzeit gefragt und haben weniger Probleme in Vollzeit zurückzukehren, sollten sich die Lebensumstände ändern.
Da Frauen jedoch häufig breit gefächert interessiert sind, übertragen sie dies auch auf ihr Arbeitsleben und positionieren sich nicht als Expertin. Aus diesem Grund gehen sie beruflich in der Masse unter.

5. Wie sind meine Vorstellungen vom Leben?

Wie wähle ich mein Lebensumfeld? Bin ich liiert oder wünsche ich mir Familie? Was wurde mir vorgelebt, was habe ich übernommen? Was sind meine Werte?

Folge ich möglicherweise einem Partner, ohne auf mich zu achten oder vermeide ich ganz bewusst fremdbestimmte Standortwechsel zugunsten meines Partners oder der Familie, weil mir dadurch berufliche und private Netzwerke erhalten bleiben?
Ist mir klar, warum ich überhaupt darauf angewiesen bin?
Lebe ich in einem stellenreichen Ballungsgebiet, um jederzeit einen attraktiven Job finden zu können oder habe ich mich beruflich durch einen Umzug ins „Aus“ befördert?
Falls gewechselt werden musste, wiegen die positiven Gründe hierfür die negativen auf?
Kann ich alternativ schnell tragfähige, neue berufliche und private Netzwerke schaffen?
Habe ich vor Ort gute Berufsaussichten oder einen festen Kundenstamm bzw. eine seriöse Auftragslage?
Falls nicht, wie wird das Problem des evtl. fehlenden eigenen Einkommens und der damit fehlenden Rente bzw. eigene Rücklagen aufgefangen?

Jeder Mensch muss sich fragen, ob er die Kontrolle über sein Leben mittels beruflicher und finanzieller Unabhängigkeit vollständig erhalten kann, denn verträgliche Kompromisse sind innerhalb einer Partnerschaft immer nötig und nicht leicht zu erreichen.
Manche Frauen ziehen mit ihrem Partner schon alleine der Kinder wegen raus aufs Land, freuen sich am Selbstversor-

gergarten und dem Blog über ein klimaneutrales Leben und übersehen dabei, dass ihr wirtschaftlicher und gesellschaftlicher Stellenwert ins Unerhebliche abrutscht.

Die Entscheidungsbefugnis und Wichtigkeit von Männern wird hingegen überwiegend durch ihre wirtschaftliche Relevanz begründet. Sie konsumieren die gemeinsamen Wertvorstellungen, ohne dafür beruflich Abstriche machen zu müssen. Erhöhter Stress, schlechte Gesundheit und weniger private Zeit sind jedoch der Preis, der für eine Karriere häufig gezahlt werden muss. Nach dem Hauptverdiener orientiert sich deshalb das gemeinsame Lebensumfeld.

Frauen wollen diese Last möglicherweise ganz bewusst nicht tragen. Sie neigen jedoch dazu, in einer Beziehung die emotionale Verantwortung zu übernehmen, sie coachen den Partner, definieren keine eigenen Ziele und verlieren sich selbst aus den Augen. Selbstbetrug findet an dieser Stelle statt: Vielen Frauen ist Geld nicht wichtig, sie präferieren aber in der Realität überwiegend vielversprechende erfolgreiche Partner, da das Sicherheitsdenken evolutionsbedingt tief im Menschen verankert ist.

Möglicherweise können sie Anforderungen im Job auch nicht im gleichen Maße standhalten, wie ihr Partner, haben im Gegenzug aber andere Kompetenzen, die für die Beziehung wichtig sind.

Fakt ist: Solange gegenseitige Wertschätzung da ist, sehen Paare keine Veranlassung aufzurechnen.

Abhängigkeiten werden daher untereinander toleriert. Die sozialen und emotionalen Gaben der Frau haben jedoch keinen messbaren materiellen Wert und führen bei einer Trennung selten zu einer höheren Unterhaltszahlung.

Hinzu kommt: Der Aufbau des eigenen Lebens, einer eigenen Familie kostet unbestritten beide Partner viel Kraft. Männer halten neben dem Vollzeitjob Baby-Nachtwache, bauen die gesamte Wohnung aus, kümmern sich um das Auto, den Garten, die Versicherungen und vieles mehr. Frauen betätigen sich innerhalb der eigenen Familie beispielsweise als Nachhilfelehrerin, Chauffeurin, Krankenschwester, Haushälterin oder pflegen alte Eltern. Diese Tätigkeiten beider Partner sind neben dem beruflichen Einkommen bares Geld wert, und das so erwirtschaftete Gesamteinkommen wird unter den Partnern üblicherweise geteilt. Die genannten Arbeits-Beispiele sind natürlich austauschbar, doch der Knackpunkt liegt in der ungleichen Verteilung unentgeltlicher Arbeiten, da diese nicht zu einer Karriere oder zu einer eigenen ausreichenden Rente führen. Unentgeltlich arbeitet der Hauptverdiener weniger.
Meiner Beobachtung nach können die meisten funktionierenden Partnerschaften durch das geschickte Einbringen unterschiedlicher Stärken unterm Strich mehr erwirtschaften und erreichen dadurch möglicherweise sogar eine höhere Lebensqualität als vergleichsweise Single-Haushalte, die prozentual gesehen höhere Unterhaltskosten und möglicherweise weniger Versorgungs-Motivation haben.

Als funktionierende Versorgungseinheit wird von Partnern die Möglichkeit einer nötigen Umstrukturierung (Krankheit, Trennung, Scheidung, Tod) schlicht ausgeblendet. Dabei verschlechtert sich beim Wegfall des Partners vor allem für Frauen der Lebensstandard durch eine vormalige Entscheidung gegen einen Vollzeitjob. Ein Neustart ist vor diesem Hintergrund für viele Karriere-Aussteigerinnen nicht mehr möglich.

6. Leben ohne Partner?

Das Gedankenspiel, wie das eigene Leben ohne Partner aussehen würde, kann helfen: Die Wohnung wäre wahrscheinlich kleiner, es gäbe mehr berufliche Vorgaben und weniger Freizeit. Es müssten weniger Kompromisse gemacht werden, Entscheidungen alleine getroffen und verantwortet werden. Kompetenzen würden ausgebaut, Erfolge und Misserfolge würden ungeteilt wirken. Es wäre wirklich interessant, zu wissen, welche Richtung ein Leben nehmen würde, ohne den Einfluss eines anderen.

Bleibt die Frage: Was bleibt trotz Partnerschaft von den eigenen Träumen übrig, wurden diese jemals definiert oder kundgetan und wie könnten sich diese innerhalb eines gemeinsamen Lebens verwirklichen lassen? Und was noch wichtiger wäre: Waren Träume überhaupt vorhanden?

Wie wurden oder werden Pläne verfolgt?

Pflege ich eine Grundeinstellung, die sich in erster Linie an meiner wirtschaftlichen Unabhängigkeit und persönlichen Werten orientiert?

Wie wichtig ist mir mein wirtschaftlicher Status?

Wie wichtig wäre mir dies bei einem möglichen Partner?

Mache ich mich (finanziell) abhängig? Wie wird das Problem des evtl. fehlenden eigenen Einkommens und der somit fehlenden Rente aufgefangen?

Wie ist dies zu rechtfertigen?

Wie könnte ich dies verhindern? Falls ich nicht wirtschaftlich unabhängig bin, welche positiven/negativen Auswirkungen hat dies?

Lebe ich nach meinen Wertvorstellungen?

Wer kann mich in der Umsetzung oder der Findung von Kompromissen unterstützen?

7. Finanzielle Verantwortung übernehmen?

Bleibe ich in einer Partnerschaft absolut autonom?
Wäre ich bereit, aus finanziellen Gründen eine Beziehung einzugehen oder aufrechtzuerhalten?
Reicht es mir im Falle einer Trennung von der aktuell gültigen Gesetzeslage zum Unterhaltsrecht abhängig zu sein?
Gibt es ein eigenes finanzielles Polster? Wenn ja, ist dieses gesichert oder wurde dies bereits in die Beziehung eingebracht?

Gibt es vielleicht einen Ehevertrag, ein Sparmodell oder eigene finanzielle Anlagen?
Wie ist die Rentenprognose, bzw. wovon werde ich im Alter leben und wie gut?
Auch Erbschaft ist als Antwort legitim, doch wann wird diese Erbschaft zum Gemeinschaftsgut? Wäre Finanzielles durch Testament oder Ehevertrag geregelt?
Wie wird der Überblick über Ausgaben/Vermögen erhalten?
Es ist unbequem, sich diese Fragen zu stellen, doch Liebe macht blind. Der eine Partner sorgt ganz- oder teilweise für die Familie, der andere revanchiert sich mit den Mitteln und Fähigkeiten, die ihr/ihm zur Verfügung stehen, welche später evtl. jedoch nicht mehr gegengerechnet werden können. Haushaltsführung, Coaching und Rückenfreihalten hätte im realen Leben nicht einmal einen einheitlichen Stundenlohn.
Welcher Wert für eine Frau ließe sich errechnen, wenn ihr Partner beispielsweise nur durch ihren Rückhalt, ihre Ratschläge und Strukturvorgaben die vielversprechende Karriere oder zeitraubende Selbstständigkeit erreichen konnte?

Auch das Ab- und Mitbezahlen von (Ausbildungs)-Krediten, Möbeln, Immobilien o.ä. wird durch eingebrachtes Guthaben oft überhaupt erst möglich und im Trennungsfall schlicht „vergessen“ oder im Ringen darum zum Rosenkrieg.
Es sollte vermieden werden, dass Vermögen oder geldwerte Vorteile undokumentiert in den Geschäftsaufbau oder die Weiter/Ausbildung des Vollzeit-Partners fließen.
Da in funktionierenden Beziehungen nicht aufgerechnet wird, hat beispielsweise die schnelle Tilgung eines Ausbildungs-Kredites im Alltag Priorität, weil davon zum aktuellen Zeitpunkt alle profitieren. Vergessen wird dabei aber, dass bei einem Scheitern der Beziehung das Geld weg ist.

Wäre es nicht besser, wenn sich der Wille zu Leistung und Persönlichkeitsentwicklung bei beiden Geschlechtern angleichen würde? An dieser Stelle könnten gemeinsame Zielsetzungspläne helfen.

Bedenke: Das Verfolgen eigener Ziele wird vor allem durch Erfolg getriggert, der im weiblichen Alltag jedoch oft nicht greif- oder messbar ist. Erfolge werden so nicht honoriert und schon gar nicht gefeiert.
Frauen sind viel zu selten stolz auf sich. Das weibliche Wollen muss für Frauen mehr in den Vordergrund rücken.

8. Welche Belastungsgrenze habe ich?

Muss ich auf mögliche leistungsvermindernde Umstände, wie chronische Krankheiten, psychische Instabilität oder belastende Lebensumstände Rücksicht nehmen?
Habe ich familiäre Verpflichtungen (Pflegebedürftige Angehörige, kleinere Geschwister etc.)? Wenn dies so wäre, welche Auswirkungen hätte dies und wie könnte ich Belastungen umverteilen? Verdiene ich genug, um zusätzliche Aufgaben abzugeben?

Der Blick auf die Gesellschaft zeigt, dass überwiegend Frauen unentgeltlich sozial orientierte Arbeiten übernehmen und sich damit noch weiter von der eigenen finanziellen Unabhängigkeit oder Zielerreichung entfernen.
Nicht selten wird die Pflege der Schwiegermutter übernommen, die Frau tritt damit an die Stelle der familiären Verpflichtung des Mannes.
Dies erscheint selbstverständlich, denn in einer Partnerschaft muss, wie bereits erwähnt, immer der wirtschaftlich weniger relevante Partner Zusatz-Aufgaben übernehmen.
Nur wenn bereits genügend Vermögen vorhanden ist oder der wirtschaftlich schwächere Partner genug verdient, um zusätzliche häusliche Aufgaben auszulagern, kommt dieser wirtschaftlich begründete Mechanismus nicht zum Tragen.

Sozialen Verpflichtungen unterliegen Frauen aus diesem Grund weit häufiger als Männer. Die Tragweite dessen ist vielen jedoch nicht bewusst. Dafür muss der Blick dringend geschärft werden.

9. Hänge ich von dem Wohlwollen anderer ab?

Die Mehrzahl der Frauen erscheint mir persönlich tatsächlich weniger belastbar und oft werden sie von ihren Partnern darin in Form von Ritterlichkeit bestärkt. Szenarien wie diese kennen wir alle: Wer sitzt im überfüllten Zug auf dem letzten verfügbaren Sitzplatz? Die Frau!
Und wer hält im Gang die Stellung? Der Mann!
Er hält sich selbst für ein Bollwerk, erledigt vieles, bezahlt, wenn nötig, Fachkräfte, die das besser können als er und findet Lösungen. Männer sind zuständig für Gefährliches, Ekliges, Dreck und Muskelkraft. Ein Klischee?
Dem steht gegenüber, dass die meisten Frauen sich für unabhängig halten, jedoch Männer bemühen, wenn es beispielsweise ums Renovieren, Möbelschleppen, Spinnentöten oder die Autoreparatur geht. Hier wird männliche Hilfe gerne angenommen, auch in dem Bewusstsein, dass für ihn im Nachgang anderes erledigt wird.
Belohnt wird mit Dankbarkeit und Zuneigung, dem Aushalten der Schwiegermutter, weiblichen Anhimmeln, der Feiertags-Deko, Lob, Koch- und Liebeskünsten. Das klassische Rollenmodell. Vielleicht streicht sie auch die Balkonmöbel.
Die drei Ausnahme-Frauen, die ich kenne, die ihren Mann schonen müssen, ihn chauffieren und zuhause den Ton angeben, grüße ich an dieser Stelle ganz herzlich.
Wir Frauen sollten jedoch insgesamt wirklich sensibler dafür werden, was wir uns abnehmen lassen, was von uns als selbstverständlich erachtet wird, dass ein Mann dies für uns erledigt. Möglicherweise ist es gar nicht zu schwer oder gefährlich, auf eine Leiter zu steigen und die Bohrmaschine zu betätigen! Bitte aber nur mit Gehörschutz: Schwerhörige Männer gibt es mehr als genug.

Das Bild der öffentlichen Wahrnehmung ändert sich nicht, wenn Frauen keine Energie für Unangenehmes, Gefährliches, Anstrengendes, Wettbewerb oder Abenteuer aufbringen können.
Wichtig wäre deshalb, Emanzipation zuallererst einmal für sich selbst zu definieren, statt stets das patriarchalische System als Sündenbock für alles heranzuziehen.

Welche Abhängigkeiten bestehen? Was kann ich ändern, wenn Bedarf besteht?
Habe ich beispielsweise die Möglichkeit mir für mein erwünschtes Lebensmodell (bezahlte) Hilfe zu holen?

Wirkliche Unabhängigkeit wird von Frauen häufig erst aus einem Zwang heraus gelebt, wenn eben sonst niemand zur Verfügung steht, wenn die Beziehung zerbricht und sie tatsächlich rund um die Uhr *„ihren Mann stehen müssen"*.
Auch Single-Männer merken das Fehlen der weiblichen Energie deutlich, wenn meist auch nicht beim Kontostand: Das Umsorgt- und Angenommenwerden, Gespräche, Zuneigung und ein organisiertes Leben machen für viele Männer das traute Heim aus.

Es ist nichts falsch daran, typisch weibliche oder männliche Präferenzen zu haben oder diese wertzuschätzen, solange ein Bewusstsein dafür vorhanden ist und diese „Gaben" nicht als selbstverständlich angesehen werden.

10. Existenzsicherung?

Es ist schwer, mögliche Fallstricke rechtzeitig in die Lebensplanung miteinzubeziehen, wenn man gerade so richtig durchstarten möchte. Sobald jedoch eine Partnerschaft ins Spiel kommt, stehen häufig Veränderungen an, die möglicherweise nicht in der Gänze überblickt werden können.
Ein Ausstieg aus dem Berufsleben scheint zu Beginn nicht relevant. Da dieser jedoch in so vielen Frauenbiografien zum Tragen kommt, sollte rechtzeitig analysiert werden, wie es dazu kommt. Ein bewusster Blick auf die möglichen Konsequenzen ist für den wirtschaftlich schwächeren Partner und das Glück innerhalb der Partnerschaft immens wichtig.
Es ist statistisch belegt, dass aufgrund einer langen vorangegangenen beruflichen Pause oder nicht angemessener Teilzeitarbeit keine adäquate Arbeit mehr gefunden werden kann. Das bedeutet entweder Umschulung durch das Arbeitsamt, langjährige Arbeit im Niedriglohnsektor, Arbeitslosigkeit oder Abhängigkeit zum geschiedenen Ehepartner bis ins Rentenalter hinein.
Trotz anteilig zugesprochener Rentenbeiträge, die während eingetragener Partnerschaften erworben wurden, wäre dies ein erheblicher finanzieller Einschnitt. Zudem bedeutet Arbeit im Niedriglohnsektor meist nicht nur Teilzeit sondern auch entsprechend niedrige Rentenbeiträge.
Für Mütter ist dies noch härter. Obwohl sie sich während der Familienarbeit häufig neben dem ohnehin erlernten Job als belastbares Organisationstalent in mehrere Fachrichtungen qualifiziert haben, hat dies keine messbaren Vorteile für die Rückkehr in den Beruf. Auch heute noch zählen stattdessen Arbeitszeugnisse, berufliche Erfahrung,

Kontakte und Weiterbildung. Dass diese indirekt ausgeübten Berufe im häuslichen Umfeld als geldwerter Vorteil sinnvoll ausgeübt wurden und vor Ort ausgeführt werden konnten, ohne das Parameter wie festgelegte Arbeitszeiten, Stundenlohn und Fahrtzeiten/kosten verhandelt oder eingeplant werden mussten, hat nur solange Gewicht, wie gemeinsam innerhalb der Familie an einem Strang gezogen wird.

Einer der Hauptgründe für die fehlende Existenzsicherung von Frauen ist, dass in Partnerschaften und Familien immer noch das monatliche Gesamteinkommen, das gemeinsam erwirtschaftet werden kann, ausschlaggebend für sämtliche Entscheidungen ist. Je höher dieses Einkommen ist, desto weniger sehen Frauen die Notwendigkeit, auf einen unabhängigen Lohnerwerb zu bestehen, da beide Partner an Freiheit und Lebensqualität gewinnen, wenn die Gesamt-Arbeitszeit reduziert wird und stattdessen für das gemeinsame Wohlergehen eingesetzt werden kann.

Frauen müssten also darauf achten, sich nicht in eine wirtschaftlich schwächere Position hineinzumanövrieren und keine Arbeit im Niedriglohnsektor anzunehmen.

Heutzutage wird überwiegend die Vollzeit/Teilzeit Aufteilung gelebt. Paare sind sich vielfach einig, dass unterm Strich so mehr erwirtschaftet werden kann, ohne auf die Annehmlichkeiten eines funktionierenden Familienlebens zu verzichten. Die vielfach als unbezahlt kritisierte Haus- und Familienarbeit existiert innerhalb dieser Übereinkunft nicht, da das Einkommen unter den Partnern normalerweise geteilt wird. Auch im Scheidungsfall würden Rentenansprüche auf den benachteiligten Partner übergehen.

Die Problematik beim Berufsausstieg liegt vor allem im fehlenden Kompetenzausbau, der zur Benachteiligung beim

Wiederaufnehmen der Tätigkeit führt oder diese sogar unmöglich macht. Weil das mögliche Scheitern der Partnerschaft jedoch nur schlecht vorstellbar ist, leben noch immer viele Paare so rollen- und familienorientiert wie eh und je. Meines Erachtens ist die Ausprägung von Geschlechterrollen auch stark bildungsabhängig und entsprechend des kulturellen Hintergrundes ausgeprägt.

Es mag sein, dass jede neue junge Generation bereits gut vorbereitet in den Startlöchern steht. Doch ob diese jungen Frauen ihre Rolle im Arbeitsleben finden werden, muss sich erst noch beweisen. Und allen künstlich herbeigeführten Karrieremöglichkeiten zum Trotz werden sich Menschen weiterhin im Berufsleben überwiegend in Richtung ihrer persönlichen Neigungen orientieren.
Berufliche Möglichkeiten müssen daher von Frauen immer noch ganz gezielt selbst gewünscht, identifiziert, geschaffen, und notfalls erkämpft werden.
Und Männer dürfen erkennen, dass das Leben nicht nur zum Geldverdienen und Verantwortung tragen da ist.

11. Karriere: Nein Danke!

Die meisten Frauen halten es nicht für nötig, den Blick von vorneherein auf Karriere zu richten oder im Job Forderungen zu stellen, manche haben darüberhinaus einen unsicheren Selbstwert oder unterliegen der gesellschaftlich negativen Beurteilung über Karrierefrauen. Sie neigen zudem dazu, Geldangelegenheiten weniger Beachtung zu schenken und überlassen Geldanlagen und Finanzfragen[17] ihrem Partner.

Die Beschäftigung mit Geld, Karriere und Machtstreben wird von einigen Frauen sogar als Charakterschwäche abqualifiziert. Die Frage wäre jedoch, ob das aus diesen Werten resultierende, niedrige, selbsterwirtschaftete Einkommen für die Freiheiten des von ihnen erwünschten, sinnorientierten Lebensstandards wirklich reichen würde.

Die Finanzexpertin Dr. Birgit Happel sagt in einem Interview[18] ganz deutlich: *„Finanzielle Unabhängigkeit ist die Basis für ein selbstbestimmtes Leben."*
Doch entgegen dieser Aussage ermöglicht die wirtschaftliche Sicherheit einer Partnerschaft vor allem Frauen Freiräume und Möglichkeiten zur persönlichen Selbstfindung. Nur wenige sind bisher bereit, diesen Vorteil für eine eigene finanzielle Unabhängigkeit aufzugeben.
Welche Maßstäbe werden darüberhinaus angelegt, wenn es um die Vergleichbarkeit von Leistung innerhalb einer möglichen Partnerschaft geht? Wird möglicherweise vorausgesetzt, dass der Partner mehr verdienen sollte?

---

[17] https://www.finanzwende-recherche.de/2023/05/22/frauen-finanzberatung/
[18] alverde-Magazin 6/2021

Im Vergleich dazu haben vollzeitarbeitende Männer weniger Entwicklungsspielraum, kompensieren dies aber mit einem funktionierenden Paar- und Familienleben oder gesellschaftlicher Anerkennung.
Niemand muss Karriere machen, es ist legitim, andere Werte höher anzusiedeln. Diese Entscheidung sollte jedoch im Hinblick auf die daraus resultierenden Nachteile bewusst getroffen werden.
Frauen, die Karriere für sich als Ziel definiert haben, müssen abwägen: Können ausbaufähige Jobs, die Pflege beruflicher Kontakte und eine regelmäßige Weiterbildung im Fokus stehen, obwohl möglicherweise Kinder geplant sind? Wird im vielleicht schon existierenden Job für eine stete Forderung nach Gehaltserhöhungen eingetreten, damit auch mit zunehmendem Alter ein angemessener Lebensunterhalt erwirtschaftet werden kann?
Welchen Sinn macht es, sich von vorneherein karrieretechnisch zurückzunehmen, ausschließlich vor dem Hintergrund einer möglichen Partnerschaft oder Familie?

Abschließend steht ganz klar die Frage: Welche Werte möchte ich leben, welchen Lebensstandard strebe ich an und wie ermögliche ich mir diesen aus eigener Kraft?

Sexistische Vorurteile?

Männer erlebe ich überwiegend als geradlinig, Kommunikation wird ihnen schnell zu mühselig, Ergebnisse müssen in erreichbarer Nähe sein und Leistung soll sich rechnen. Andererseits können sie unvernünftig, ein bisschen narzisstisch und oberflächlich sein, voller Wünsche und Begierden. Seitjeher wird ihnen mehr wirtschaftliche und kämpferische Verantwortung übertragen, sie haben weniger Orientierungsphasen, agieren zielorientierter und können meist auf ein gut organisiertes häusliches Umfeld zurückgreifen. Egal ob sie dies durch perfektes Timing im Männer-Single-Haushalt, eine rückenfreihaltende Frau, die eigene Mutter oder den Einsatz von Haushaltshilfen erreichen: Fakt ist, dass Männer Prioritäten setzen und sich so kurz wie möglich mit der Organisation unangenehmer Aufgaben aufhalten. Auch simples Ausblenden und Prokrastinieren gehört zum männlichen Verhaltensspektrum.

Männer leben in ihrer Rolle, sind jedoch auch im Zugzwang: Sie müssen beweisen, dass sie nicht auf Rollenbilder bestehen, nicht sexistisch sind, dass sie sich nicht über andere stellen, dass ihnen die Meinung und das Wirken des anderen Geschlechts wichtig ist und sie dem auch Akzeptanz und Achtung entgegenbringen.
Aus dem Gefühl heraus, vorverurteilt und nicht „richtig" zu sein, fällt es ihnen möglicherweise schwer, Energie für ein neues Rollenbild aufzubringen, sich gegen etablierte Verhaltensweisen zu stellen und damit auch Konsequenzen tragen zu müssen, die auf den ersten Blick unbequem sind. Wenn Männer dann auch noch auf Frauen treffen, die sich aus dem feministischen Anspruchskatalog nur das Dienli-

che aussuchen, ansonsten aber im unemanzipierten Rollenverhalten bleiben, fühlen sie sich übervorteilt und nicht ernst genommen. Ich glaube daher, dass es wichtiger wäre, Brücken zu bauen, statt ungeduldig und aggressiv aus einer Anspruchshaltung heraus Veränderung einzufordern.
Ein neues Verhaltensspektrum wird eher durch positive Verstärkung erreicht, statt durch Forderungen.
Ohne positive Bestärkung entsteht ein negativ geladenes Feld, das Unsicherheit und Aggression hervorruft.
Frauen dürfen darüberhinaus beim Kampf um ihre Positionierung in der Gesellschaft nicht übersehen, dass es auch Szenarien gibt, in denen Männer benachteiligt werden. Männer erfahren immer noch Diskriminierung, beispielsweise bei Sorgerechtsprozessen, der gesellschaftlichen Anerkennung erzieherischer Leistungen oder der Inanspruchnahme von Hilfe.
Höhere berufliche Belastungen durch Vollzeitarbeit und der damit verbundene „Flucht- und Überlebensmodus“ führen bei Männern häufiger zu stressbedingten Krankheiten, z.B. Bluthochdruck, Burnout, Sucht und Depressionen. Männer begehen statistisch erfasst auch häufiger Suizid als Frauen.
Sicher müssen feministische Meinungen und Forderungen benannt werden und damit ins Bewusstsein rücken, doch im täglichen Miteinander ist es unumgänglich verstärkt aufeinander zuzugehen und Verständnis auch für die Belange des anderen aufzubringen.
Solange Männer und Frauen ohne Wohlwollen miteinander umgehen, werden beide Geschlechter zu den Verlierern zählen. Gleichberechtigung ist vor allem abhängig von persönlicher Reife, Sozialstatus und Bildung. Aber auch Unreflektiertes und Unausgesprochenes treibt zuweilen einen Keil zwischen die Geschlechter, hier ein paar Beispiele:

„Während wir Männer im Vollzeitjob die Immobilie abbezahlen, haben Frauen immer noch zu viel Zeit für Yoga. Woher käme sonst diese Energie für Feminismus?“

„Kein Mann, keine Kinder, keine Erfüllung. Unzufriedenheit kreiert Feminismus.“

„Gleiches wollen, aber nicht Gleiches liefern.
Richtige Arbeit und Feminismus passen nicht zusammen.“

„Wer braucht Deko? Die Häuser bauen immer noch wir!“

In vielen Situationen schwingt eine grundlegende Meinung über Frauen mit, ohne dass konkrete Vorwürfe wirklich ausgesprochen werden würden. Männer nehmen Frauen häufig einfach nicht ernst und auch Frauen leben weiterhin in ihren Klischees und Vorurteilen über Männer.

Ein Beispiel: Inzwischen ist es für viele Frauen selbstverständlich ins Fitnessstudio zu gehen oder online Sportkurse zu frequentieren. Auch gibt es vielerorts die Sparte „Frauensport” im Verein oder der Volkshochschule und niemand stört sich an dieser Eingrenzung. Im Gegenteil: Hier wollen Frauen unter sich bleiben, können das geforderte Leistungsspektrum besser abschätzen und müssen keine Männerblicke fürchten. Taucht dennoch regelmäßig ein Mann auf, ist das Erstaunen groß. Es wird spekuliert: Ist er in die Trainerin verliebt? Betrachtet er gerne Frauen bei sportlichen Übungen? Sollte er tatsächlich nur aus einem eigenen sportlichen Interesse dort sein? Diese Fragestellungen zeigen, dass auch Frauen unreflektiert aus ihrem Erlebnishorizont urteilen und es mit dem unabhängigen Denken ganz

schnell vorbei sein kann, wenn die Auflösung von Rollenverhalten aus entgegengesetzter Richtung eingefordert wird: In Form eines Mannes, der sich in eine Frauengruppe begibt.
Eine Frau in einer männerdominierten Sportgruppe würde hingegen keine Störung verursachen, sondern als besonders selbstbewusst und leistungsfähig wahrgenommen werden.
Ein Mann bleibt nach wie vor verdächtig, selbst wenn er von seiner Physionomie her nicht einmal besonders männlich daherkommt.
Solange das vorherrschende Männerbild von Gewaltbereitschaft und Übergriffigkeit durchwebt wird, können Männer, die dieser Einordnung nicht entsprechen, kaum zum Wandel von Rollenerwartungen beitragen.
Sexismus kommt demnach nicht nur bei Männern vor.
Die Schauspielerin *Maria Furtwängler* berichtet im Kundenmagazin *alverde*[19], sie habe mal bei einer Improvisations-Komödie einen recht verbitterten Charakter gespielt und sagte zu einem Mann, der weinte: *„Hör auf zu heulen, heulende Männer sind unerträglich."*
Daraufhin erklärte ihre Tochter, dass sie das nicht sagen könne, weil das umgekehrter Sexismus sei.
Diese wachen Persönlichkeiten, die das Thema in ihrer Gesamtheit im Blick haben, werden leider viel zu selten in der Öffentlichkeit gehört.

---

[19] Drogeriemarkt dm (Okt.2022)

Aufgabenverteilung

Meinungen werden in Statistiken quer durch alle Bevölkerungsschichten abgefragt. Kein Wunder, dass mir manche Ergebnisse absurd erscheinen, da sie in meiner Lebenswelt als Fragestellung überhaupt nicht vorkommen. Dennoch möchte ich sie nicht vorenthalten:

Obwohl eine Mehrheit der Männer theoretisch einer neuen Aufgabenverteilung zwischen Mann und Frau gegenüber aufgeschlossen ist, besteht eine Lücke zwischen Theorie und Praxis, wie eine *Bild der Frau*-Studie ergab: 81 Prozent der befragten Männer glauben, dass Frauen Arbeiten, wie Bügeln, besser erledigen. 64 Prozent meinen, dass es mit der Gleichberechtigung inzwischen reicht, 28 Prozent davon sind überzeugt, dass wir es sogar schon übertreiben.

Diese Befragung macht deutlich: Gleichstellung ist noch lange nicht in allen Kreisen selbstverständlich.

Die BILD der FRAU-Chefredakteurin *Sandra Immoor* stellte fest: *„Es ist schade, dass so viele Männer schon einen Schlussstrich ziehen wollen – wo es doch noch so viel zu tun gibt: Gerechte Verteilung der Familienarbeit, gleicher Lohn, gleiche Aufstiegschancen.*

Echte Gleichberechtigung und Partnerschaft kann aber nur gelingen, wenn Frauen und Männer Verbündete sind – in der Familie und im Job. Dafür müssen Männer anfangen, über ihre Ängste und Wünsche in Bezug auf die an sie gestellten Erwartungen zu sprechen. Und die Gesellschaft muss Strukturen schaffen, in denen Männer sich auch ändern können: Noch sind 71 Prozent aller Deutschen sicher, dass ein Arbeitgeber kein Verständnis zeigt, wenn ein Vater zugunsten der Familie kürzer treten will.“

Teamplayer

Frauen, die Dank eines erfolgreichen Partners nicht gezwungen sind, selbst Verantwortung zu übernehmen, soll es geben. Bereits viele Paare agieren jedoch auf Augenhöhe, sie sind Verbündete und bemühen sich um Gleichstellung auch im Privaten.
Die Kehrseite der Medaille: Vor allem wenn Frauen einen festen Partner haben, verlassen sie sich auf die gemeinsame Lebensführung und sehen sich als Teil des Teams. Dabei werden die eigenen Bedürfnisse, bzw. notwendige kritische Betrachtungen, oft hintenangestellt.
Das Team besteht dann, statt aus zwei gleichgestellten Partnern, lediglich aus zwei Personen, die in die gleiche Richtung wollen. Im Glauben, dass eine Work-Life-Balance nicht, oder nur auf eine althergebrachte Art möglich ist, werden Chancen nicht ergriffen, Familie oder Partner priorisiert und keine selbstorientierten Lösungen für eigene Ziele gefunden.
Wenn eine unreflektierte Symbiose und Verbundenheit einen der Partner jedoch in Abhängigkeit bringt, entsteht ein Kräfteungleichgewicht, das sich nicht selten in den unterschiedlichsten Beziehungsproblemen äußert.
Vor allem das unreflektierte und kurzsichtige Reagieren auf sich verändernde Lebenssituationen lässt Frauen immer noch zu oft zurückstecken. Hier wäre es besser, sich bereits vorher selbst im Blick zu behalten und gut zu planen.
Auch staatliche Hilfen, großzügige Erbschaften oder ehrenamtliche Projekte sollten ein selbst erwirtschaftetes Einkommen nicht ersetzen.

Volle Kraft voraus

Frappierend ist, dass Männern immer noch Verhaltensweisen zugestanden werden, die bei Frauen bestenfalls unangenehm wirken. Selbstvermarktung zählt nach wie vor bei der Partnerfindung, im Sozialleben und im Job.
Solange Menschen, die auf Selbstdarstellung verzichten, im Wettbewerb schlechter gestellt werden, verwundert es mich nicht, dass gerade Frauen auf die Instrumente *„Aussehen, Auftreten, Redegewandtheit"* angewiesen sind.

„Klappern gehört zum Handwerk", wer kennt den Spruch nicht. Viele Frauen stehen jedoch nicht gerne im Mittelpunkt. Doch genau dieses Unvermögen zur Selbstdarstellung ist das Zünglein an der Waage, wenn zwei ebenbürtig qualifizierte Bewerber den gleichen Job wollen oder ihr Netzwerk erweitern möchten.
Die Stärkung des Selbstwerts ist daher unabdingbar: Denn nur mit einem gesunden Ego können Herausforderungen von Frauen erfolgreich gemeistert werden. Weibliche Bescheidenheit und das Unbehagen, überhaupt selbst im Fokus zu stehen, sorgen in derartigen Momenten nicht nur für Versagensgefühle, sondern vermitteln auch eine fehlende Selbstsicherheit, die jedoch für verantwortungsvolle Posten oder Führungspositionen nötig wäre.
Ein Buchtitel, der mich in diesem Zusammenhang wirklich amüsiert hat, lautet: *„Schrei Kikeriki wenn du ein Ei legst, Zehn goldene Erkenntnisse, wie Frauen sich im Berufsleben besser verkaufen."*
Dieser Titel trifft es doch ganz gut: Das bisher wirksame und althergebrachte Flügelschlagen von männlichem Federvieh. Natürlich gibt es inzwischen reflektierte Men-

schen, die auf dieses Verhalten nicht mehr reagieren und Männer, denen das ständige Darstellen ihres Egos zu primitiv ist. Doch viele bedienen sich noch genau dieser Methoden und kommen damit weiter. Sich diesen Umstand einmal bewusst zu machen, kann nicht schaden. Vielleicht sollten Frauen daher einfach öfter mehr wagen: Mitreden, den Auftritt genießen und keinen Schreck bekommen, wenn mehr als eine Person zuhört. Diese Situationen können wir bewusst herbeiführen, annehmen und gestalten. Vor allem sollten wir andere Frauen nicht abqualifizieren, wenn diese Aufmerksamkeit für sich beanspruchen. Frauen neidlos den Rücken zu stärken, würde zu ihrer Sichtbarkeit und Akzeptanz entschieden beitragen. Gerade im Berufsleben sind Kompromisse und weibliche Kreativität gefragt, denn das einfache Imitieren männlicher Verhaltensweisen bringt uns ja nicht weiter: Männlich agierende oder selbstbewusste Frauen werden im Beruf nicht nur von männlichen Mitarbeitern, sondern auch von Kolleginnen oft abgelehnt: Sie gelten nicht selten als herrisch, machtbesessen, unsensibel, unsympathisch, egoistisch und arrogant.

Top-Managerin Dr. Monika Sebold-Bender kann dies bestätigen: *„Ist eine weibliche Führungskraft dominant, wird sie dafür kritisiert. Das gleiche gilt für die Stimme: Spricht eine Chefin laut, löst das oft Befremden aus.“*

Tara-Louise Wittwer (Buchtipp: Dramaqueen) sagt: *„Laut zu sein ist immer auch ein bisschen unangenehm, vor allem als Frau. Da wird man schnell mal als „hysterisch“ oder „dramatisch“ abgestempelt. Doch das sind nicht nur Begriffe, die von Männern genutzt werden– auch Frauen verwenden sie, um andere Frauen zu degradieren.“*

Dass Frauen sich selbst der schlimmste Feind sind, muss aufhören. Solange diese reine Empfindungsebene der indirekten Rollenzuweisung nicht verlassen werden kann, nicht einmal von uns Frauen selbst, bleiben wir hinter unserem eigenen Anspruchsdenken zurück.
Auch die Befangenheit gegenüber Chefinnen muss einem neuen Verständnis weichen. Frauen in Machtpositionen sollten mehr in ihrem Führungsanspruch geachtet werden. Nur so bleiben sie handlungsfähig und können, wie ein Mann, einfach aus ihrer Kompetenz oder Überzeugung heraus sagen, wo es langgeht.
Frauen werden jedoch leider immer noch viel zu häufig mit der Empfindung abqualifiziert: „Was bildet die sich ein, die meint wohl, sie wäre besser (klüger) als ich. Oft untergräbt das Gefühl der eigenen Unterlegenheit die Akzeptanz und das Wohlwollen anderen gegenüber. Doch auch Narzissmus, ein männlich orientiertes Ego und Machtstreben lassen neue Hierarchien nicht zu.
Sollten wir andere Frauen, die selbstbewusst vorangehen, nicht lieber wertschätzen und bei ihrer Arbeit unterstützen, statt sie zu kritisieren?
Und wäre es nicht sinnvoll, sich selbst zu fragen, warum möglicherweise eher ein männlicher Führungsstil geschätzt wird? Vielleicht aus Gewohnheit? Aus der erlernten Anerkennung von Vaterfiguren? Aus einer gewohnten Argumentationsweise heraus?
Viele Kritiker der weiblichen Führung berufen sich darauf, dass Männer eher auf einer sachlichen Ebene bleiben, weniger persönlich nehmen und mehr Ruhe ausstrahlen.
Doch jeder bewertet aus einer individuellen subjektiven Empfindung heraus, objektiv betrachtet haben diese Argumente keine Grundlage. Uns muss bewusst sein, dass wir

eventuell lediglich aus einem persönlichen Bedürfnis heraus, manche Kommunikationsstile als angenehmer empfinden. Vielleicht würde Persönlichkeitsentwicklung dazu führen, selbst diese Qualitäten zu besitzen und mehr Selbstsicherheit zu erlangen, so dass auch alternative Führungsstile eine Chance hätten.

Noch 2018 fragte die Frauenzeitschrift *BRIGITTE* die *Dipl.-Psychologin Claudia Clasen-Holzberg*: *„Wie geht eine Karrierefrau mit der Erfahrung um, dass die Eigenschaften, die sie für ihren Job braucht– Dominanz, Entscheidungsfreudigkeit– im Privatleben auf Männer eher abschreckend wirken?"*

Diese Frage entlarvt, dass Frauen sich für ihre Karriere verbiegen müssen, schizophrenen Anforderungen gerecht werden sollen und ihnen nicht einmal zugestanden wird, dass sie möglicherweise dominant sind.
Hier zeigt sich deutlich, dass der dominante Mann, das Alphatier, der Macher, sowohl auf der beruflichen Ebene, als auch auf der Beziehungsebene uneingeschränkten Erfolg hat. Frauen, die im Job Stärke, Leitungskompetenz und Kontrollfähigkeit beweisen, wirken sowohl im Job, als auch im Privaten kühl, hartherzig und unweiblich, wenn sie diese Kompetenzen einbringen.

Kuchen für alle!

Es gab 2018 eine witzige Grafik in der Zeitschrift *Myself* zum Thema: „*Wann Vorschläge von Frauen in Meetings umgesetzt werden*“.

Das Kuchen-Diagramm von *Katja Berlin*, die „*Spezialistin für sonderbare Grafiken*“, gab folgende Aufteilungen an, die vielleicht nicht ganz ernst gemeint, aber doch sehr aufschlussreich sind:

Wann Vorschläge von Frauen
in Meetings umgesetzt werden:

- *wenn sie innovativ sind (ca. 5 Prozent)*
- *wenn sie kostensparend sind (ca. 6,5 Prozent)*
- *wenn sie ein Mann nochmal wiederholt hat (ca. 88,5 Prozent)*

Katja Berlins Kolumne „*Torten der Wahrheit*“ erschienen in der Tageszeitung „*Die Zeit*“.
Ihre „*Was wir tun wenn...*“-Bücher sind ebenfalls sehr unterhaltsam!

Weniger erfolgreich?

Als ich kürzlich in dem Buch *„Leben mit Hirn"* las, dass unser Gehirn, wenn wir die Gedanken schweifen lassen, automatisch beginnt, sich mit sozialen Themen zu beschäftigen, musste ich erst einmal schlucken.

Hieße das etwa in der logischen Folge, dass Frauen mehr Gehirn-Leerlauf haben, als die weniger am Sozialen interessierten Männer? Woher rührt diese weibliche Affinität zu sozialen Themen, die in grauer Vorzeit überlebenswichtig war, denn inzwischen scheint dieser Aspekt nur noch Nachteile zu bergen.

Wir wissen alle aus Erfahrung, ob und wie sich Frau und Mann im Tun und Denken unterscheiden, während der Feminismus und die Wissenschaft fleißig Gründe dafür und dagegen finden.

Wissenschaftlich sind die Unterschiede zwischen weiblichem und männlichem Denken tatsächlich unzählige Male erforscht worden, inzwischen bezweifeln jedoch viele Hirnforscher, ob das überhaupt noch sinnvoll ist:

Nicht nur Erziehung, Bildung, Rollenbilder – auch Hormone, Schlafdefizit, die sexuelle Ausrichtung und jegliche erdenkliche Abweichung vom Alltag können die Reizverarbeitung in unserem Gehirn beeinflussen, welche die geschlechtlichen Unterschiede unwesentlich werden lassen.

Intelligenz wird Frauen darüberhinaus schon lange zugestanden. Doch wo bleibt der weibliche Erfolg, wenn Mädchen bereits in der Schule die Jungen hinter sich lassen, besser im Studium abschneiden und heutzutage tun und lassen können, was sie wollen? Warum verstecken sich immer noch unzählige Frauen in Minijobs, Teilzeit und Positionen ohne Führungsanspruch?

„Erfolgreiche Frauen sind keine Ausnahme und viele sind längst sichtbar", hält *Miriam Wohlfarth*, die Geschäftsführerin und Mitgründerin des Finanzdienstleisters *Ratepay*, dagegen. Hier äußert sich eine Führungspersönlichkeit, die selbstverständlich in ihrer Lebensrealität auf andere beruflich erfolgreiche Frauen trifft. Zahlen und Faktenlage des Statistischen Bundesamtes scheinen für sie daher nicht relevant zu sein.

Wenn jedoch Gleichstellung nur für eine bestimmte Bevölkerungsgruppe als Ziel definiert worden wäre, gäbe es inzwischen vielleicht tatsächlich kein Problem mehr. Aber die durchschnittliche Gesellschaft hinkt diesem Ziel massiv hinterher. Lediglich ein geringer Prozentsatz der Frauen nimmt als hochrangige und gut bezahlte Expertin am Wirtschaftsleben teil und die wenigsten arbeiten durchgehend Vollzeit.

Wer eine genaue Aufschlüsselung über den Frauen- und Männeranteil in Berufen nachlesen möchte, kann dies über verschiedene Online-Portale tun. Eines davon ist Statista[20].

Anaïs Bock, Führungskräfte Coach und Chefin von *Let's Work Magic*, möchte aktuell 5000 Führungsfrauen für eine Studie gewinnen, um herauszufinden, was die wahren Gründe sind, warum es nicht mehr von ihnen gibt. Vor allem Studienabgängerinnen, kinderlose Frauen oder jene ohne Partner müssten längst viel erfolgreicher und damit sichtbarer im Beruf sein.

Manche Frauen ziehen den unbereinigten Gender-Pay-Gap und die damit verbundene Chancenlosigkeit als Grund für das Nichtverfolgen ihrer beruflichen Möglichkeiten heran. Andere die Nicht-Vereinbarkeit von Familie und Beruf.

---

20 https://de.statista.com/statistik/daten/studie/167555/umfrage/frauenanteil-in-verschiedenen-berufsgruppen-in-deutschland/

Wieder andere berufen sich trotz Emanzipation ganz selbstverständlich auf die Etikettierung des schwachen Geschlechts. Jede Frau kann gute Gründe finden, um ihr Lebensmodell zu rechtfertigen, jedoch entscheiden sich Frauen überwiegend gegen Erfolg und Karriere, ohne dies als aktiven Prozess wahrzunehmen. Wer glaubt, dass beruflicher Erfolg nur von äußeren Faktoren abhängt, sollte sich fragen, warum sich bisher trotz aller Bemühungen so wenig zugunsten von Frauen verändert hat.
Frauen scheinen der bisherigen, überwiegend von Männern geprägten berufsorientierten, Definition von Erfolg nicht entsprechen zu wollen.
Doch solange die Wirtschaft ohne Frauen an der Spitze gut funktioniert, wird niemand, außer den Frauen selbst, ein echtes Interesse haben, dies zu ändern.
Leider treten nur wenige Frauen wirtschafts- und gesellschaftsrelevant in Erscheinung, vieles von dem was sie tun, steht in der Deko-Ecke, wird ohne Wertschätzung konsumiert oder hat im realen monetären Leistungsvergleich weniger Wert. Die Art der Erfolgs-Definition ist sicher bei beiden Geschlechtern in der jeweiligen Persönlichkeit verankert und wird in seiner einseitig materiellen Orientierung heutzutage mehr und mehr infrage gestellt. Denn genau wie Frauen, sehen auch inzwischen viele Männer eine intakte Familie oder Partnerschaft, mehr Freizeitmöglichkeiten, eine gesicherte Existenz und wohlgeratene Kinder als Erfolg an. Der Unterschied: Meist hat „er" es in Vollzeit möglich gemacht, während „sie" in Teilzeit arbeitet, erzieht, managt, verwaltet und bewahrt. Hierzu gibt es inzwischen eine aktuelle Studie aus der Schweiz[21]. *Katja Rost* ist Soziologin an

[21] Quelle: https://www.20min.ch/story/frauen-wollen-kaum-karriere-machen-ist-die-gleichstellung-gescheitert-527569449295

der Uni Zürich und hat Erschreckendes zutage gefördert: *„Viele Studentinnen haben laut dieser keine oder nur geringe Karriereambitionen. Ihr Familienbild ist nach wie vor eher konservativ geprägt: Tendenziell würden Frauen einen Partner, der älter und erfolgreicher ist als sie bevorzugen. Sobald sie Kinder haben, wollen sie Teilzeit arbeiten. Der Mann soll Vollzeit arbeiten und für das Haupteinkommen sorgen.“*

Hinzu kommt: Immer mehr Frauen, die es vermeintlich im Beruf „geschafft“ haben, steigen wieder aus (Dropout).
Die Naturgarten-Planerin *Maria Stark* gab beispielsweise einen vielversprechenden, gut bezahlten Job an der Frankfurter Börse auf und wechselte in die Selbständigkeit. Sie sagt: *„Als Naturgartenplanerin kann ich viel mehr bewegen und jeden Tag die „Ernte" meiner Arbeit betrachten. Es ist eine sehr dankbare, heilsame Arbeit, natürlichen Prozessen Wege zu bereiten. Ich bin sehr glücklich über diese nachhaltig sinnvolle Aufgabe.“*

(Quelle: SWR, ein Leben für die Natur)

Es sei dahingestellt, ob Frau Stark nun mehr oder weniger in ihrem neuen Beruf verdient. Die meisten Frauen rechnen so nicht, wenn sie sich für ihren (beruflichen) Lebensweg entscheiden. Doch dies macht einen gravierenden Unterschied aus, wenn es um Karriere, finanzielle Abhängigkeit und wirtschaftliche Relevanz geht.

Inzwischen gibt es eine feministische Neuerung im Arbeitsleben, die ich grenzwertig finde, weil sie im Berufsleben nicht zu einer zufriedenstellenden Umsetzung gelangt und sie bisher auch gesetzlich nicht begründet werden kann:
Nachdem jahrelang behauptet wurde, dass Frauen nicht weniger leistungsfähig sind als Männer, werden nun Zugeständnisse hinsichtlich der monatlichen „Unpässlichkeit“ gemacht: *„In immer mehr Ländern, wie etwa Indonesien oder Taiwan, sind zusätzliche Urlaubstage für Menstruierende die Realität. Diese sollen verhindern, dass Frauen mit Schmerzen und Krämpfen auf der Arbeit erscheinen oder sich krankmelden müssen.“*[22]
Der Menstruationsurlaub wird auch bei uns in Deutschland diskutiert. *“In einigen asiatischen Ländern gibt es bereits Menstruationsurlaub und in Italien liegt sogar schon eine Gesetzesvorlage über drei Urlaubstage pro Menstruation vor”*, so Arbeitsrechtlerin *Ilka Schmitt.*
Einige Firmen haben das intern umgesetzt: Bei der Firma Coexist können Frauen bei Menstruationsschmerzen beispielsweise früher gehen, von zu Hause arbeiten oder freimachen.
Ich frage mich, ob niemand bemerkt, dass diese Forderung alte Gender-Probleme triggert: Werden Unternehmen in Zukunft wieder vermehrt Männer einstellen, weil Frauen wegen dem gesetzlichen Menstruationsurlaub noch häufiger ausfallen, als sie es wegen der überwiegend übernommenen Kinderbetreuung im Krankheitsfall ohnehin schon tun? Macht es Sinn, dass der Arbeitgeber in diesem speziel-

22 Quelle: https://www.fluter.de/faktenwissen-menstruation-periode
Weitere Infos: https://www.emotion.de/leben-arbeit/menstruationsurlaub

len Fall den Grund des Fernbleibens kennt, obwohl es den Schutz der persönlichen Daten mittels Codeverschlüsselung seitens der Krankenkassen gibt?
Wo ziehen Frauen die Grenze, ob das Unwohlsein nun einen Menstruationsurlaub rechtfertigt oder nicht? Wird in größeren Betrieben das Einfordern von Menstruationsurlaub unter den Frauen zu Unstimmigkeiten führen?
Wird es einen Wettbewerb geben, wer die Zähne zusammenbeißt und wer nicht oder passiert das Gegenteil: Gönnen sich Frauen die Auszeit nur weil es andere tun, ohne eigentlich Schonungsbedarf zu haben?
Bekommen Frauen über 50 dann den Wechseljahrsurlaub oder müssen sie nachweisen, dass sie immer noch periodegeplagt sind? Gibt es auch Urlaub bei Hitzewallungen?
Last but not least: Würde der offiziell gemeldete Krankenstand von Frauen zurückgehen? Die Bereinigung dieser Statistik wäre tatsächlich der einzige Grund, der das Ganze für mich nachvollziehbarer machen würde.
Wer kann schon die Leistungsfähigkeit von Frauen beurteilen? Innerhalb von Pauschalisierungen finden sich die unterschiedlichsten Menschentypen. Und das geht inzwischen weiter, denn nicht alle Menschen, die menstruieren, identifizieren sich selbst als Frau und nicht alle, die es nicht tun, als Mann.
Sicher ist es von dem jeweiligen Aufgabengebiet und den individuellen Präferenzen und der Konstitution abhängig, welcher Arbeitnehmer leistungsfähiger ist. Inzwischen ist dies nicht mehr geschlechtsgebunden[23].
Auch in den Köpfen haben sich Beurteilungsmuster geändert. Niemand wundert sich heutzutage über Frauen in

[23] Buchtipp: „Nennt mich Nathan“ / Splitter Verlag

anstrengenden Berufen. Beispielsweise sind Frauen im Gartenbau, Forscherinnen, Security-Mitarbeiterinnen vielerorts schon präsent.
Inzwischen nähern sich die Aufgabengebiete in ihrer Ausgestaltung den verschiedenen Möglichkeiten des Einzelnen an. Technik macht Körperkraft teilweise überflüssig, Frauen dürfen Astronautinnen werden, den Jagdschein machen und vieles mehr. Doch es ist einfach unreflektiert, darauf zu beharren, dass Frauen stets gleich leistungsfähig wie der männliche Prototyp wären. Dies wird immer noch bedingt durch den Anforderungs-Katalog. Wie Frauen damit klar kommen, dass sie biologisch anders aufgestellt sind als Männer, ist hier nicht Thema. Dieser Umstand sollte aber auch nicht einfach ausgelassen werden.
Unbestritten ist, dass Frauen es teilweise schwerer als Männer haben, andererseits kann der hormonelle Klotz am Bein durch Einsatzwille und Ehrgeiz wettgemacht werden und wird von vielen Frauen auch nicht als so belastend wahrgenommen, wie Männer dies häufig unterstellen.
Ein Unterschied wurde jedoch festgestellt:
Im Gegensatz zu Männern agieren Frauen bei Krankheit laut Studien besonnener, setzen sich im Allgemeinen mehr für ihre Gesundheit ein und werden im Durchschnitt älter als Männer.
Für ein Unternehmen mag ein männlicher Arbeitnehmer im Vergleich zu einer Frau wertvoller sein, wenn dieser einsatzfreudiger ist, weniger reflektiert agiert, Raubbau mit seinem Körper betreibt, risikobereiter ist, Verantwortung auch bei gefährlichen Arbeiten trägt und generell: Nicht „rumzickt".
Der Umstand, dass mehr Frauen als Männer Kinder unter zwölf Jahren betreuen, mag bei männlichen Chefs und

Arbeitnehmern zudem das Vorurteil schüren, dass Frauen häufiger krank seien als Männer. Eltern dürfen nämlich im Krankheitsfall ihres Kindes bis zu fünf Tagen hintereinander der Arbeit fern bleiben und in vielen Familien ist dies immer noch die Frau.

Eine Studie aus 2015 belegte, dass 27 Prozent der befragten Frauen angaben, sich selbst krank gemeldet zu haben, weil zuhause Betreuungsbedarf bestand. Bei den Männern waren es hingegen nur 17,5 Prozent.

Auch der Umstand, dass Frauen öfter als Männer in öffentlichen Berufen arbeiten, in denen sie mit Krankheitssymptomen nicht zur Arbeit gehen können, hebt den statistischen Krankenstand. Diesen Grund gaben 53 Prozent der Frauen an, im Vergleich zu 45 Prozent der Männer.

Im März 2021 belief sich der Krankenstand (gesetzliche Krankenversicherung) insgesamt auf 4,24 Prozent der Arbeitenden. Der Wert für Frauen lag mit 4,53 Prozent etwas über dem der Männer mit 3,98 Prozent.

Frauenquote

Die Ära der Männer-Netzwerke und dem Geschäftsabschluss beim Golf oder anderen Sport-Events ist noch lange nicht vorbei. Auch deshalb ist eine Frauenquote trotz aller Zweifler sinnvoll und nötig.
Männliche Macht-Konstrukte, die unbestritten existieren, versucht man seit geraumer Zeit mit der Frauenquote abzubauen. Und die war bereits im Jahr 2021[24] laut einer Studie des Deutschen Instituts für Wirtschaftsforschung mit über 30 Prozent Zuwachs auf einem guten Kurs.
So umstritten, die Frauenquote sein mag: Wem bewusst ist, dass ehrgeizige Frauen Ablehnung erfahren, weil sie eine Führungsposition anstreben und damit nicht der Rollenerwartung mancher Personalentscheider entsprechen und im Gegenzug ebenfalls abgelehnt werden, weil sie evtl. Kinder bekommen könnten, muss die Schizophrenie hinter diesem Muster erkennen.

Rollenerwartungen dürfen nicht über den Erfolg einer Karriere bestimmen. Auch wenn Instrumente wie die Frauenquote – auf den ersten Blick – unwirtschaftlich oder ungerecht erscheinen, sind diese nötig, damit Frauen überhaupt einen Fuß in die Tür bekommen. Es stimmt, es ist ein frommer Wunsch, dass Frauen die Welt verbessern würden. Niemand kann garantieren, welche Art von Frauen die Quote nach oben in die Chefetage bringt.
Dass Frauen männliches Verhalten in der Berufswelt imitieren oder es sich zu eigen machen, wurde in diesem Zusammenhang ebenfalls kritisch gesehen. Auch, dass die

[24] Quelle: https://www.manager-magazin.de/lifestyle/leute/deutlich-mehr-frauen-auf-vorstandsposten-a-0f700ffe-6fed-4629-8812-960f7ca872fe

Qualifikation von Frauen weniger infrage gestellt würde, da der direkte Vergleich zum männlichen Bewerber fehle.
Doch die Ursachen, warum es mehr qualifizierte männliche Bewerber für eine Stelle gibt, sind frappierenderweise auch in der Schlechterstellung von Frauen während ihrer beruflichen Qualifikationsphase begründet: Meiner Beobachtung nach resultiert diese negative Ausgangslage aus der nichtwirtschaftlich orientierten Berufswahl, dem Zwang der Mutterschaft im fruchtbaren Alter und dem allgemeinen Sozial- und Partnersuche-Verhalten von Frauen. Deshalb halte ich die Frauenquote für sinnvoll, da so die Chancen steigen, dass bessere Bedingungen in der Arbeitswelt für Frauen und vor allem von Frauen geschaffen werden.
Eine Frau in einer Führungsposition signalisiert darüberhinaus Schülerinnen, Berufsanfängerinnen und anderen Frauen, dass sie dies auch erreichen könnten.
Es ist für die Gesellschaft immens wichtig, dass Frauen in Machtpositionen, in Vorständen oder der Politik vertreten sind, weil sonst die weibliche Perspektive, und damit die Möglichkeit zur politischen und gesellschaftlichen Mitgestaltung, fehlt. Frauen können und wollen zwar nicht alle Bundeskanzlerin werden, aber sie müssen in die Welt tragen, warum auch Frauen an oberster Stelle wichtig sind.
Gegen die Frauenquote spricht sich das *Online-Magazin „VICE“* aus und prangert in einem Artikel an, dass Frauen Führungspositionen, vorwiegend für sich selbst nutzen würden, statt sich für weniger privilegierte Arbeitnehmerinnen einzusetzen:

„Statt uns auf den Erfolg einiger weniger Frauen zu konzentrieren, sollten wir Feministinnen dazu ermutigen, sich anzusehen, an welcher Stelle Frauen von der Politik und

den Unternehmen im Stich gelassen werden und sich dafür einzusetzen, dass ihre Forderungen ernstgenommen werden. Eine feministische Bewegung, die sich um die Bedürfnisse von Arbeitnehmerinnen kümmert, würde beispielweise auch die gewerkschaftliche Organisation von Haushälterinnen fördern und Frauen (genau wie alle anderen Menschen) für ihre unlauteren Arbeitspraktiken zur Verantwortung ziehen, je weiter sie in der Geschäftswelt aufsteigen. Frauen in Führungspositionen würden uns nur dann weiterbringen, wenn sie sich für die feministischen Werte und die Rechte ihrer Arbeitnehmerinnen einsetzen würden."[25]

Der vorgenannte Text zeigt, dass wir auch vor der Kehrseite, die das künstliche Eingreifen in die Gesellschaftsordnung mit sich bringt, nicht gefeit sind: Frauen an der Spitze sind leider kein Garant für soziale Reife, Kompetenz, Friedfertigkeit und das Fehlen egoistischer Interessen. Spannend fände ich in diesem Zusammenhang den Vergleich rein weiblich geführter Unternehmen zu einem konventionellen. Doch: der Ausschluss von Männern ist nur in Ausnahmefällen erlaubt.

Das Allgemeine Gleichbehandlungsgesetz (AGG) verlangt, dass der Betrieb bei der Personalsuche Männer und Frauen gleich behandelt.

Sucht der Betrieb ausschließlich nur nach Frauen, ist das in der Regel eine unzulässige Diskriminierung von Männern. Diese könnten nach § 15 AGG eine Entschädigung verlangen. Ausnahme: Die Personalsuche darf auf Frauen beschränkt werden, wenn das weibliche Geschlecht eine we-

---

[25] Quelle: vice/die-heuchelei-feministischer-unternehmerinnen

sentliche und entscheidende Anforderung darstellt (nach § 8 Abs. 1 AGG).
Wie leistungsfähig wäre jedoch ein großer Betrieb, der nur über weibliches Personal verfügt, tatsächlich?
Ist der Ausfall von Frauen wegen Krankheit, Mutterschaft und der Erziehung und Betreuung ihrer Kinder wirklich so ausschlaggebend? Wäre der Einsatz von mehrfachbelasteten Frauen (Haushalt, Kinder, Rückenfreihalten) möglich oder würden nur unbelastete Frauen rekrutiert?
Wer sich in die Position eines Personalentscheiders hineinversetzt, wird möglicherweise nachvollziehen können, dass betriebliche Entscheidungen nicht immer eigenen Werten oder gesellschaftlicher Erwünschtheit folgen können.
Alleine der höchstmöglich zu erreichende Umsatz oder der Nutzen von Netzwerk- und Vettern-Wirtschaft diktiert bisher in unserer Gesellschaft die Bewerber-Auswahl.

Quoten dienen deshalb auch dazu, kulturelle und gesellschaftliche Ungleichheit abzumildern.

Spätestens seit der „Me-too-Bewegung" ist die Gesellschaft sensibilisiert, wenn es um Diskriminierung geht. Auch mir ist bewusst, dass dieses Thema weit über die Geschlechterfrage hinausgeht. Ein gesetzlich vorgeschriebenes, anonymisiertes Bewerbungsverfahren, wie es bereits in den USA existiert, könnte vorgefasste Erwartungen aushebeln.
Rassismus gegen Menschen, die alleine aufgrund ihrer Hautfarbe im Job schlechter gestellt sind, hätte so weniger Chancen. Doch ich sehe in einer Anonymisierung von Bewerbungsverfahren auch eine Gefahr: Bevölkerungsgruppen, die als gut ausgebildet, fleißig und obrigkeitstreu bekannt sind, würden im anonymisierten Bewerbungsverfah-

ren andere Kandidaten ausstechen, da diese Charaktereigenschaften üblicherweise zu mehr erwünschten Kompetenzen führen. In der Folge bekäme diese Bevölkerungsgruppe durch überproportionale Teilhabe im Arbeitsleben und verdienten Wohlstand Einfluss auf die Entwicklung der Gesellschaft, obwohl möglicherweise andere Parameter, wie soziale Reife unterentwickelt sind.
Bei einem anonymisierten Bewerberverfahren würden ohne Rücksicht auf sozialpolitische Aspekte früher oder später die für das Unternehmen dienlichsten Arbeitnehmer das Unternehmen dominieren.
Die kulturelle Vielfalt und die Vielschichtigkeit unterschiedlicher Geschlechter und Kompetenzen würden aufgrund dieser rein leistungsbezogenen und wirtschaftlich ausgerichteten Selektion zurückgedrängt.
Das Eingreifen in Prozesse birgt Konsequenzen, die auf den ersten Blick nicht immer erkennbar sind. Und jeder weiß, dass heute schon Quoten und Vorgaben nicht erfüllt werden können, weil die Realität die dahinterstehende Theorie nicht abbildet.
Leider ist die gesamte Thematik in sich widersprüchlich, denn auch Quoten benachteiligen wiederum jene, die es als Minderheit noch nicht in die Quotenliga geschafft haben oder jene, denen unter nicht reglementierenden Umständen der Job eigentlich aufgrund ihrer Leistung zustände.
Es muss ein Bewusstsein dafür geschaffen werden, dass nur menschliche Vielfalt unsere Welt bereichert und rein wirtschaftlich orientierte Entscheidungen, auf lange Sicht, nicht immer die gesellschaftlich verträglichste Lösung sind.

Paula macht blau

Es ist frappierend, dass trotz Quoten auch Frauen ohne Kinder weniger häufig Karriere machen als Männer. Doch so manche Frau spart sich den Weg zur Arbeit möglicherweise lieber gleich, wenn ihr das Ausmaß von existierenden Männerdomänen, mangelnder Selbstsicherheit und die fehlende Deckungsgleichheit ihrer weiblichen Definition von Karriere bewusst wird. Viele Frauen spüren zudem ein Gefangensein in äußerlichen und selbstauferlegten Zwängen: Sie sind latent unzufrieden und suchen Antworten in Ratgebern zur Optimierung von Lebensumständen und Steigerung der Leistungsfähigkeit.
Doch die Mechanismen, die Gleichstellung fast unmöglich machen, sind so vielfältig, dass wir entgegen aller Ratschläge im Alltag den Überblick verlieren, nicht genau wissen, was wir überhaupt ändern können und irgendwann auch gar kein Interesse mehr daran entwickeln.
Dieses Problem betrifft rollenwechselnde Männer genauso wie Frauen, jedoch sind diese noch in der Minderheit oder fliegen unter dem Radar gesellschaftlicher Bewertungsmuster. Karriere machen Männer auf diese Art dennoch genauso selten wie Frauen.

Die eigenen Werte mit finanzieller Unabhängigkeit optimal zu verbinden bleibt für jeden eine der größten Herausforderung im Arbeitsleben.

Das Thema Work-Life-Balance führt auch nicht immer zur bewussten Abwendung vom Karriereweg. So können vor allem Selbstständige und Digital-Nomaden ihre Arbeitszeiten selbst bestimmen und leichter anpassen. Führungspositionen sind bekanntermaßen im Homeoffice jedoch schlechter zu etablieren. Laut einer Umfrage[26] der *„Initiative Chefsache“* ziehen tatsächlich nur 35 Prozent der 5000 befragten Männern und Frauen überhaupt in Erwägung, eine Führungsposition zu übernehmen:

„Ob Vollzeit, Präsenzpflicht oder lineare Karrierepfade – die klassische Art, Karriere zu machen, geht an den Wünschen der heutigen Generation vorbei. So finden nur 18% der Beschäftigten (11% der Frauen und 26% der Männer), dass Frauen und Männer im Berufsleben die gleichen Chancen haben. Bei Eltern ist der Wert noch niedriger: 9% der Frauen und 20% der Männer sagen, es herrsche Chancengerechtigkeit für Mütter und Väter in Deutschland.
Neben der mangelnden Gleichberechtigung zeichnet sich eine Karrieremüdigkeit ab: Nur 33% der Männer und 23% der Befragten geben an, in den nächsten Jahren mehr Verantwortung übernehmen zu wollen. 79% der Befragten finden, dass man beruflich erfolgreich sein kann, ohne Führungsverantwortung zu übernehmen. Der Wunsch nach Veränderung des Karrieremodells ist groß. So spricht sich eine Mehrheit der Befragten gegen das Modell des Allein- oder Hauptverdienenden aus: 67% wünschen sich, dass sich die Partnerin bzw. der Partner zeitlich vergleichbar im Beruf einbringen kann.“

Es hat sich demnach in unseren Köpfen geschlechtsübergreifend schon einiges getan, doch die alte Problematik der wirtschaftlich orientierten und männlich dominierten Arbeitswelt besteht weiterhin, solange kein Wechsel in den

[26] Quelle: 5/2022 https://initiative-chefsache.de/presse/pressemitteilungen/

Chefetagen stattfindet: Geschäftsleuten mit protzigem Firmenwagen, wichtigen Businessreisen und Überstunden wird nicht nur in unserem Land immer noch viel Respekt gezollt. Insgesamt dreht sich die Gesellschaft aufgrund dieser Mechanismen im Kreis, solange Frauen keine wirtschaftsrelevanten Berufe ergreifen oder beide Geschlechter sich politisch und öffentlich für eine verbesserte Work-Life-Balance einsetzen.

Auch ist es nötig, Frauen in Spitzenpositionen zu bringen, denn eine vorwiegend männliche Führungsebene kreiert männliche Vorbilder für junge Männer und verhindert das Entstehen weiblicher Vorbilder für junge Frauen. Hinzu kommt, dass Männer vorwiegend andere Männer in ihr Netzwerk aufnehmen und fördern. Diese Beobachtung ist auch Bestandteil des *Paula-Prinzips*, das der Frage nachgeht, warum es immer noch so eine große Diskrepanz zwischen männlichen und weiblichen Karrieren gibt.

1969 nannte der Amerikaner Laurence Johnston Peter die gängige Praxis der ständigen Weiter-Beförderung von Männern, ohne implizierten Kompetenzanspruch, *„Peter-Prinzip“* und entlarvte damit einen wesentlichen Erfolgsfaktor männlicher Karrieren.

Männer würden fast automatisch immer weiter befördert, bis sie laut Laurence Johnston Peter auf einem Posten sitzen, der nicht mehr ihren realen Fähigkeiten entspräche. Erklärt dieser Umstand auch die überproportionale Anhäufung unreifer und unfähiger Führungs-Persönlichkeiten?

Viele Frauen sind in ihrem Arbeitsalltag hingegen dem *Paula-Prinzip* ausgesetzt, ohne es selbst überhaupt zu merken. Ein Beispiel: Neue Kolleginnen werden vor allem in hierarchietreuen Institutionen gerne als *„Junge Dame"* angesprochen und wahrgenommen. Gönnerhaftes Verhal-

ten wird im Zuge dessen wohlmeinend in Mentoren-Manier an den Tag gelegt. So wird unbemerkt die Kompetenz der jungen Mitarbeiterin untergraben. Politikerinnen werden mit „Mädchen" oder „Mutti" betitelt oder wie im Fall von *Renate Künast* mit Beschimpfungen belegt. Hingegen kann auch ein Kompliment die Fähigkeiten einer Mitarbeiterin abwerten, wenn dadurch das Fachliche vernachlässigt wird und Äußerlichkeiten in den Vordergrund treten. Sexistische Sprüche, Diskriminierung und sexuelle Belästigung sind immer noch an vielen Arbeitsplätzen vorhanden und werden von den betroffenen Frauen selbst häufig gar nicht wahrgenommen. Doch warum?
Manche Frauen wollen sich durch übergriffiges Verhalten nicht in ihrer Tätigkeit behindern lassen und ignorieren Diskriminierung am Arbeitsplatz, um einfach Zeit zu sparen oder auch um dem Geschehenen aus Selbstschutz keine Wichtigkeit einzuräumen.
Auch aus Respekt vor Alter oder Dienstgrad lassen sich Frauen vieles gefallen, manchmal auch um ihrer eigenen Karriere nicht zu schaden. Weit verbreitet ist nachsichtiges Verhalten gegenüber den armen, testesterongesteuerten Männern, die nur sich selbst ausgeliefert sind.
Frauen fühlen sich insgeheim überlegen, ohne zu merken, dass sie die Konsequenzen von toleriertem Verhalten nicht im Blick haben. Kommentarlos Erlebnisse dieser Art zu übergehen, die von uns Frauen nur deshalb akzeptiert werden, weil wir uns daran gewöhnt haben, ist falsch. Nur aufgrund der Häufigkeit der Vorfälle, sollte Diskriminierung am Arbeitsplatz nicht bagatellisiert werden.
Erwähnen möchte ich im Zuge dessen, dass auch Männer Diskriminierung ausgesetzt werden, wenn sie auf unreife Kolleginnen oder Vorgesetzte treffen. Denn auch Frauen

haben Friedfertigkeit und erwünschtes soziales Verhalten leider nicht für sich gepachtet. Deshalb möchte ich auf das Thema „Gewaltfreie Kommunikation“ an dieser Stelle hinweisen. Vielleicht könnte auch mehr Humor und selbstbewusstes freundliches Auftreten helfen.

Vermutet eine Frau beispielsweise, dass ihr im Job vor versammelter Mannschaft ein Kompliment zu ihrem Aussehen oder einer Nebensächlichkeit gemacht wurde, um von ihrer Kompetenz abzulenken, kann sie das Kompliment an den Gönner einfach 1:1 zurückgeben. Entweder es war ehrlich gemeint und wird auch im Gegenzug so wahrgenommen oder die Wiederholung stellt das Kompliment als Sexismus bloß.

Gleichstellung muss eingefordert werden, statt im Selbstbild einer emanzipierten Frau untätig zu verharren. Da fehlt es uns Frauen nach wie vor an Gestaltungswillen und Selbstbewusstsein. Ein geringes Selbstwertgefühl zeigt sich ebenfalls bei der Bewerbung um einen Arbeitsplatz: Männer, die nicht allen Anforderungen einer aufgabenreichen Stellenausschreibung entsprechen, bewerben sich trotzdem. Frauen hingegen erfüllen möglicherweise nur einen Punkt des Aufgabenkataloges nicht und erwägen eine Bewerbung nicht. Frauen sind daher öfter als Männer in Jobs tätig, für die sie formal überqualifiziert sind.

So suchen arbeitslose Akademikerinnen häufiger nach einer Tätigkeit unterhalb ihres Qualifikationsniveaus als arbeitslose Akademiker. Arbeitslose Männer, ohne Berufsabschluss, suchen hingegen eher als arbeitslose Frauen ohne Berufsabschluss nach einer Tätigkeit überhalb ihres Qualifikationsniveaus.

Das *Paula-Prinzip* beschreibt die Folgen von weiblichem Verhalten und der Beibehaltung männlicher Spielregeln im

Job. Doch ob von Frauen eine Karriere überhaupt gewünscht wird, ist maßgeblich von selbst erworbenen Glaubenssätzen und Wertvorstellungen abhängig.

Der Auszug aus dem *BRIGITTE*-Artikel „*Was bedeutet heute eigentlich Karriere?*“, zeigt, dass Frauen möglicherweise einen Aufstieg im Job anstreben, die eigene Werte ihnen aber nachfolgend einen Strich durch die Rechnung machen. Caroline Jahns, zu dieser Zeit Konzertsängerin und Gesangslehrerin, drückte aus, wie es scheinbar vielen Frauen geht: „*Wenn mich eine Fee fragen würde: ‚Möchtest du Karriere machen oder eine Stimme voll klanglichen Reichtums und Schönheit haben?‘, würde ich mich sofort für Letzteres entscheiden. Stimme vor Karriere doch davor kommt aber immer noch die Liebe, zu meinem Mann und zu meiner Familie.*“

Vielen Frauen sind persönliches Wohlfühlen und Glück wichtiger als Unabhängigkeit. Auch Familie und Erfüllung durch eine Schwangerschaft fällt neben den hohen weiblichen Wertvorstellungen stark ins Gewicht.

Doch das Verfolgen dieser Werte scheint untrennbar mit Teilzeitarbeit oder vorrübergehender Berufsaufgabe verbunden zu sein.

Das Recht auf Teilzeit, auch in Führungspositionen, steckt in der Umsetzung immer noch in den Kinderschuhen und ist vielfach auch technisch nicht umsetzbar.

Solange Männer sich auf Karriere in Vollzeit fixieren, werden Frauen also mit ihrer Einstellung zum Leben weiterhin hinter ihnen zurückbleiben, auch wenn immer wieder darauf hingewiesen wird, dass gerade im naturwissenschaftlichen Bereich viel weibliches Potenzial brachläge.

Die meisten Frauen könnten, wollen sich aber nicht einbringen. Einige merken auch erst nach einem naturwissen-

schaftlichen Studium, dass diese Art der Arbeit ihnen nicht gefällt oder sie nicht glücklich macht.
Frauen setzen ihre Prioritäten überwiegend immer noch weniger anerkennungs- und gewinnorientiert ein, sondern eher nach ihrer Neigung und der Möglichkeit zur Persönlichkeitsentfaltung. Sie ergreifen überproportional häufig bildungsrelevante, kreative, soziale, pflegende und kommunikationsorientierte Berufe, vielleicht auch, weil in diesem Sektor Teilzeitarbeit wahrscheinlicher ist.

Es wäre wichtig, dass Frauen auf ihrem Lebensweg einmal innenhalten, um zu reflektieren, dass sich sie sich mit ihrer Werte-Orientierung und Fixierung auf das Gesamtwohl in Abhängigkeiten begeben.

Sylvia Ann Hewlett und *Melinda Marshall* vom *„Center for Talent Innovation"* haben in ihrer Studie *„Women want five things"* zusammengetragen, was hochqualifizierten Frauen zwischen 35 und 50 Jahren bei der Arbeit wichtig ist: Frauen möchten sich nicht nur stetig verbessern, sondern auch ihre Persönlichkeit entfalten, etwas (Sinnvolles) bewirken und dabei trotzdem ihre (emotionale) Gesundheit, Freiheit und Autonomie bewahren. Frauen brauchen im Job Wertschätzung und Anerkennung, sie verfolgen ehrgeizige Ziele und wollen damit auch langfristig etwas bewirken.
Demnach definieren die meisten Frauen Karriere ganz anders als Männer: Für sie steht die Sinnfrage an erster Stelle. Manche streben daher gar keine Karriere an oder steigen sogar auf dem Höhepunkt ihrer Karriere ganz bewusst wieder aus. Viele Frauen fühlen sich durch die gängige Forderung nach mehr Frauen an der Spitze nicht ange-

sprochen. Sie streben nicht nach Macht und Führung, ihnen reicht es, das eigene Leben im Griff zu haben.
Öffentliches Ansehen und die eigene Bestätigung wird in diesem Fall durch eine gut situierte Wohnsituation, einen vorzeigbaren Partner, repräsentables Aussehen und eine sehr gute allgemeine Lebensführung erreicht. Auch Männer stellen dies meist nicht in Frage, da sie als Hauptverdiener ebenfalls darin bestätigt werden, es zu etwas gebracht zu haben. Wer will schon darüber urteilen?
Mich wundert es daher nicht, dass Frauen vor diesem Hintergrund weniger präsent im Arbeitsleben sind. Eine derart hohe Anspruchshaltung führt tatsächlich dazu, dass Frauen Jobs, die ihre Erwartungen nicht erfüllen, ablehnen oder wieder aufgeben.
Diese Haltung sollten Frauen sich bewusst machen, bevor Schuldige dafür gefunden werden, warum es mit dem Job und der Unabhängigkeit nicht klappt. Es macht außerdem Sinn, die eigenen Bewertungsmuster frühzeitig zu hinterfragen, bevor in Partnerschaften einer von beiden umständehalber in die Ernährer-Rolle rutscht.
Die vorab genannten Punkte des Paula- und Peter-Prinzips sollten neben der Frage, was wir persönlich vom Leben eigentlich erwarten, welche Werte wichtig sind und welche Kompromisse eingegangen werden können, für eine differenzierte Handlungsgrundlage jeder Frau bekannt sein und deshalb habe ich sie hier auch ausgeführt.
Wenn eine Frau zusätzlich zu ihren ohnehin schon hohen Ansprüchen auch noch Kinder hat, muss sie aufpassen, nicht vor lauter Werten, Pflichterfüllung und Perfektion ihr eigenes Leben zu verpassen.
Hausaufgabenkontrolle vor Karriere – nicht selten setzen Frauen Prioritäten in diese Richtung.

Zicken-Alarm

Das Klischee der „Zicke“, das sich in den Köpfen männlicher und manchmal auch weiblicher Personalentscheider hält, wird irgendwo seinen Ursprung haben.
Karrierecoach *Christopher Flett* meint festgestellt zu haben, dass Frauen im Job immer die gleichen Fehler machen:

Sie reden zu viel, nehmen alles persönlich, sind zu zaghaft beim Formulieren von Ideen, sind konfliktscheu, brauchen zu viel Bestätigung von außen und verstecken sich hinter einer Reihe von Masken, statt „ihren Mann zu stehen“.

Seit dieser Einschätzung sind viele Jahre vergangen und niemand traut sich, so etwas überhaupt noch öffentlich zu sagen. Dennoch existierten diese Vorurteile weiterhin.
Manche Chefs lehnen sich breitbeinig zurück und erklären weiblichen Mitarbeitern gönnerhaft: „Macht doch, wenn ihr könnt.“ Damit wird suggeriert, dass Frauen, bevor sie Erfolg haben, erst „rumzicken“ und dann sowieso aufgeben.
Warum aber sollten sie das tun?
Vielleicht weil sie nach wie vor erleben, dass sie in einer immer noch männerdominierten Arbeitswelt nur mit Mühe einen Fuß auf den Boden bekommen, wie es im vorherigen Kapitel dargestellt wurde.
Frauen haben wegen ihrer Vorstellung vom Leben vielleicht auch gar keine Lust, Karriere nach den Spielregeln anderer zu machen und suchen stattdessen lieber nach Sinn und Wertestabilität für sich, ihren Partner und ihre Familie.

Das Widersprüchliche daran: Ohne aktiv arbeitende Frauen kann Männerdominanz nicht abgebaut werden.

Denn ohne weibliche Vorbilder sehen auch junge Frauen und Mädchen ihre beruflichen Chancen weniger gut. Der Prozess der Gleichstellung gerät so ins Stocken.
Es mag stimmen: Frauen geben im Job schneller auf, weil sie Befindlichkeiten und Emotionen ernster nehmen und mehr auf sich selbst achtgeben. Die übergreifende Frage: *„Ist es das wirklich wert?"*, kann zum Rückzug aus dem Beruf führen und wird nicht selten vom arbeitenden Partner befeuert, der lieber eine ausgeglichene Nesthüterin zuhause hat, als jemanden mit dem ständig Absprachen getroffen werden müssen über alles, was so neben dem Beruflichen anfällt.
Hinzukommt: Berufliche Entscheidungen fallen schwer ins Gewicht, weil damit eine klare Zielaussage gemacht wird, die dann auch zwingend verfolgt werden muss.
Unzufriedenheit aufgrund fehlender Wertschätzung und Selbstbestätigung kommt beim Ausstieg aus der Karriere vor. Dies wird als Problem aber kaum wahrgenommen oder mittels Teilzeit kaschiert. Hauptsache „der Laden" läuft, denn davon profitieren zuhause erst einmal alle. Das klappt solange gut, bis die Trennung ansteht. Die meisten Frauen finden dann nämlich nicht mehr in ihre alte Karrierestufe zurück und sind zudem häufig auch noch alleinerziehend.
Diesem Problem mit Frauenquoten und familienpolitischen Lippenbekenntnissen zu begegnen, ist bisher nicht im ausreichenden Maße zielführend gewesen: Immer noch regieren Männer die Welt und die Frauenquote hinkt hinterher. Und das, obwohl Hanna Rosin in ihrem Buch *„Das Ende der Männer"* schon 2013 die Meinung vertrat, dass Männer es versäumt hätten, sich an eine moderne, postindustrielle Wirtschaft anzupassen. Eine Wirtschaft, in der laut der Autorin eher feminine Fähigkeiten gefragt sind: Kommuni-

kationstalent, soziale Intelligenz, Einfühlungsvermögen, Kompromissfähigkeit und Flexibilität.
Diese seinerzeit scharf kritisierten, laut Frau Rosin kompetenzlosen Männer, lenken unser aller Leben jedoch noch immer und ein Ende ist mitnichten in Sicht.
Fakt ist: In den Chefetagen tummeln sich weiterhin zu wenig Frauen, auch und vor allem deshalb, weil Frauen lieber ihre sozialen Werte leben, statt sich in den harten Wettkampf um Macht und Geld einzureihen. Das sage ich ganz ohne (Ab)Wertung, denn auch mir sind Persönlichkeitsentwicklung und immaterielle Werte wichtig. Doch: Solange Frauen in der sozialen Nische bleiben, ihre Werte über die eigene materielle Unabhängigkeit stellen, wird sich die Arbeitswelt nicht verändern.
Es ist wichtig, dass immer mehr Frauen hochdotierte Jobs anstreben, denn für Jobs im Niedriglohnsektor lohnt sich der Verbleib im Beruf im Sinne einer Love-Life-Balance tatsächlich wenig. Etwas mehr Mut und Gestaltungswille, die Inanspruchnahme von Weiterbildung, bessere Aufteilung der Haus- und Familienarbeit und die Frage: „Was habe ich eigentlich zu verlieren?“, könnte dazu führen, dass Frauen sich beruflich besser und stärker etablieren, vor allem, wenn von ihnen auch fachfremde Stellen oder Umschulungen in Erwägung gezogen werden.
Der Wirtschaft ist das dahinterstehende Geschlecht des Arbeitnehmers meist vollkommen egal. Denn Unternehmen wollen nur das eine: Funktionierende Leistungsträger.
Frauen halten stattdessen lieber anderen den Rücken frei und übernehmen Verantwortung für gesellschaftliche Belange. An wen sollte das auch delegiert werden? Um mehr Frauen in Arbeit zu bringen, fehlen Unternehmen, die Sinn und Wirtschaftlichkeit miteinander verbinden.

Impulse aus verschiedenen Welten

Das Dilemma fehlender weiblicher Führungskräfte scheint nicht nur dem Desinteresse von Frauen geschuldet zu sein. Es ist auch in den vorherrschenden wirtschaftlichen Strukturen begründet.
Starre Arbeitsabläufe und das Eingehen beruflicher Verpflichtungen machen eine Work-Life-Balance fast unmöglich. Teilzeit, die angemessen honoriert wäre, müsste für beide Geschlechter mehr etabliert werden und könnte zur Lösung beitragen. Auch eine „Doppelspitze" in Aufsichtsräten und Führungspositionen würde Sinn machen.
Mehr Flexibilität, Kompromisse und der Blick beider Geschlechter auf die vorherrschende Lebensrealität würden die Gesellschaft ein ganzes Stück weiter bringen.
Das Teilen von Verantwortung könnte die Möglichkeit bieten, Aufgaben abzugeben und auch Teilzeitstellen in Führungspositionen für Männer und Frauen zu etablieren.
Auf diesem Weg würden Unternehmen von den Erfahrungen und dem Know-how zwei hoch qualifizierter Personen unterschiedlichen Geschlechts profitieren und so einen modernen, gesellschaftsrelevanten Kurs einschlagen.
Der Blick beider Geschlechter könnte die Reflexion fördern und geschlechtstypische Denkfehler- und Stereotype aufdecken oder vermeiden. Jeweils zwei Arbeitnehmer würden gleichberechtigt mitdenken, wichtige Impulse aus verschiedenen Lebens- und Geschlechterwelten kämen zusammen.
Das bewusste Besetzen mit nichtgleichgeschlechtlichen Führungskräften würde so einen umfassenden Blick fördern und weitere Möglichkeiten der angestrebten Gleichstellung eröffnen.

Ausgebremst

Eine Studie der FU Berlin hat gezeigt: Die Wahl des Geschlechtes bei Berufsbezeichnungen beeinflusst tatsächlich, ob sich Heranwachsende vorstellen können, später den genannten Beruf zu ergreifen oder eben nicht.
Möglicherweise würden sich mehr Schülerinnen für naturwissenschaftliche Fächer interessieren, wenn sie auch sprachlich und medial auf Ingenieurinnen, Programmiererinnen und andere weibliche Vorbilder treffen würden.
Inzwischen haben wir zwar Nobel-Preisträgerinnen in Chemie und Physik, doch populäre, herausragende Wissenschaftlerinnen sind immer noch in der Minderzahl.
Ebenso scheint das Thema Macht und die damit verbundenen zeitraubenden Posten einen Großteil der Frauen immer noch wenig zu interessieren. Wenigstens in der Politik sind Frauen auf dem Vormarsch. Doch selbst im Bundestag liegt der Frauenanteil in den letzten Jahren nur bei ca. einem guten Drittel.
Die stellvertretende Vorsitzende des Deutschen Gewerkschaftsbundes, *Elke Hannack*, sagte im Jahr 2023:

"Schön, dass sich was bewegt und mehr junge Frauen und Männer eine Berufswahl fernab von Geschlechterklischees treffen", trotzdem bleibt bei der klischeefreien Berufsorientierung noch Luft nach oben, denn der Frauenanteil bei den neu abgeschlossenen Ausbildungsverträgen bleibt erschreckend niedrig."

Die Mehrheit der Frauen ergreift demnach immer noch einen eher weiblich orientierten Beruf, der sich gut mit eigenen Werten und der Familie verbinden lässt, planbar

und überschaubar bleibt. Doch dieses Verhalten begünstigt im hohen Maße das Ungleichgewicht zwischen den Partnern in puncto wirtschaftlicher Unabhängigkeit. Frauen, die sich aus der Berufswelt zurückziehen, sind zudem oft Mütter. Sie sind dem Problem der fehlenden Gleichstellung in unserer Gesellschaft am meisten ausgesetzt.
Wie schon erwähnt, ist auch heute noch Fruchtbarkeit oder Kinderwunsch einer der größten Fallstricke in puncto Unabhängigkeit. Zu einem Zeitpunkt, an dem Männer karrieretechnisch durchstarten, fallen Frauen zurück. Auch ist es für viele in einer funktionierenden Partnerschaft überhaupt kein Problem, aus einer gerade anstehenden Notwendigkeit heraus, einen Großteil der anfallenden nichtgeldwerten Arbeit zu übernehmen. Mein Eindruck: Hier scheint neben der fehlenden gleichwertigen Karriere auch der Umstand eine Rolle zu spielen, dass Frauen sich weniger über Erfolg definieren als Männer.
Solange Care-Arbeit indirekt durch Erziehungsgeld, soziale Anerkennung und den Zugriff auf das gemeinsame Einkommen und Vermögen honoriert wird, erscheint die Gefahr der materiellen Anhängigkeit und fehlenden Berufsperspektive nicht Frauen als bedrohlich.

Die meist von Frauen übernommene haushaltsnahe und organisatorische Arbeit, häusliche Geborgenheit, Gesprächsraum und der damit verbundene mentale Ausgleich sind für den arbeitenden Partner und die Zufriedenheit in der Beziehung kaum aufzuwiegen: Die Bezeichnung der „besseren Hälfte" ist daher jedem bekannt.
In der Summe sind es meiner Beobachtung nach überwiegend die emotionalen Anteile, die Frauen dazu bringen, Partner und die Familie zu priorisieren und berufliche Ziele

aus den Augen zu verlieren. Gleichstellung scheitert ziemlich sicher auch an der weiblichen Bewertung von Hierarchien, Machtstrukturen und deren Aufbau.
Hinzu kommt, dass Menschen ihre Leistungsfähigkeit nicht automatisch in gleichem Maße auf dem gleichen Gebiet ausbilden, nur weil sie eine Partnerschaft eingehen. Die unterschiedliche Leistungsfähigkeit von Gruppenmitgliedern, welche durch das gegenseitige Sorgetragen ausgeglichen wird, hat schon immer den Wert von sozialen Beziehungen bestätigt.

Ulrike Fehn-Höllinger, seinerzeit Leiterin Produktmanagement bei dem IT-Dienstleister Datev Nürnberg sagte hierzu: *„Da Karriere für mich auch immer mit finanzieller Unabhängigkeit zu tun hat, spielt sie schon eine wichtige Rolle in meinem Leben. Die Hauptrolle spielt sie aber zum Glück nicht! Der Wechsel zu meinem jetzigen Arbeitgeber war ein bewusst in Kauf genommener Karriereknick, da ich mich auf eine Position ohne Führungsverantwortung beworben hatte. Ich wollte nicht in eine andere Stadt ziehen. Es hat Jahre gedauert, bis ich finanziell und hinsichtlich des eigenen Verantwortungsbereichs wieder aufgeholt hatte. Das hatte ich völlig unterschätzt.“*

Frauen beißen demnach sehenden Auges in den sauren Apfel. Solange Entscheidungen durchdacht und nicht einfach umständehalber übergestülpt werden, gibt es dann am Ende immerhin keine Überraschung.
Böse enden kann es dennoch.

Solange in unserer Gesellschaft männliche Gönnerhaftigkeit vorherrscht und es keine wirkliche Nachfrage für das, was Frauen können, gibt, wird Gleichstellung eine Utopie bleiben. Solange Frauen sich weigern, eine bislang männlich orientierte Arbeitswelt aktiv mitzugestalten, können Quoten kaum wirken.

Solange eine Frau durch einen Mann ersetzt werden kann, werden Unternehmen dies tun, außer die Frau ist in ihrer Leistung besser oder gleichwertig zu einem geringeren Lohn. Nur durch aktive Teilhabe können wir diese Spielregeln verändern.

Hinzukommt: Die Wettbewerbsfähigkeit nimmt im Vergleich zu Männern meist ab Ende zwanzig immer mehr ab, obwohl hierzulande Mädchen seit geraumer Zeit die besseren Abschlüsse machen. Zahlenmäßig werden sie von ihren männlichen Mitstreitern auf dem Karriereweg trotzdem überholt. Denn nur wenige von diesen Überfliegerinnen fühlen sich berufen, ihren bescheinigten Fähigkeiten an relevanter Stelle einzubringen oder verabschieden sich ins Familienglück.

Welche Kompetenz ist wertvoll?

Männer werden im Job immer noch mehr in die Pflicht genommen. Frauen scheint das Recht auf Gesundheit und Lebensglück eher zugestanden zu werden als Männern. Steigt er aufgrund gesundheitlicher oder psychischer Probleme aus dem Job aus, ist dies weit weniger angesehen, als wenn das schwache Geschlecht den diversen Anforderungen des Arbeitslebens nicht standhält.

Warum tun sich aber Frauen so schwer, in gutbezahlten, einkommensrelevanten Berufen erfolgreich zu sein?
Haben wir wirklich zu viele Befindlichkeiten, andere Aufgaben, zu viele Vergleichs- und Wahlmöglichkeiten, zu viele sozial orientierte und digitale Jobs, zu viel: Irgendwas mit Medien oder zu viel Social Media?
Inzwischen ist es leicht, beispielsweise als Online-Coach, Podcast-Initiatorin oder Bloggerin zu arbeiten, da eine freie Zeiteinteilung eine Work-Life-Balance von Privatleben und Karriere möglich erscheinen lässt.
So ist es dank Homeoffice heutzutage einfacher als früher, auch neben der Paar- oder Familienarbeit beruflich vernetzt und unterwegs sein.
Mit viel Wille zum Erfolg springen dabei sogar bezahlte Werbe-Links, You-Tube-Videos, ein Podcast, ein Magazinartikel oder ein eigenes Buch heraus.
Garten- und Baumarkt-Testerinnen, Food- und Kosmetik Spezialistinnen, DIY-Bloggerinnen oder Umweltaktivistinnen gibt es inzwischen wie Sand am Meer.
An einer wirtschaftlichen Unabhängigkeit geht diese Art von Beschäftigung jedoch häufig vorbei, denn die meisten Frauen sind mit ihrem Blog oder dem Bedienen von Social

Media Kanälen nicht erfolgreich genug, um damit ein rentenrelevantes Gehalt zu erwirtschaften.
Der perfekte Einschulungstag, der Umzug ins Tiny-Haus oder beispielsweise der Marathon gegen zu viel Plastik in der Welt kann zwar monetisiert werden, jedoch sind meist nur Themen erfolgreich, die wirtschaftlich oder für die breite Masse von Belang sind.
Die meisten Bloggerinnen werden jedenfalls kaum in die USA oder nach China fliegen, um die ganz großen Deals zu verhandeln – solange keine eigene Fitness- oder Kosmetiklinie oder anderes mit im Spiel ist.
Nur wenige sind wirklich am Ende erfolgreich genug, um als wirtschaftliche Größe eingestuft zu werden.
Die Aussage der erfolgreichen Bloggerin *Eleanor Ozich*, sie hätte nie gedacht, dass sie irgendetwas nicht tun könne, weil sie eine Frau wäre, ließ mich aufhorchen und im Folgenden Großartiges erwarten. Doch dann stellte sich im Interview *(dm alverde-Magazin)* heraus, dass Frau Ozich in der gleichen alten Rollenfalle hängen geblieben ist, wie schon Frauengenerationen vor ihr.
Der Unterschied: Sie hatte lediglich darüber berichtet. Nach zwei Bestsellern über das Aufräumen und Kochen befand sie, dass mehr Zeit für ihre Familie und fürs Surfen vonnöten wäre. Also gab es einen Umzug ins Strandhaus direkt am Meer und dort wurde dann flugs der nächste Bestseller übers Einkochen und Selbstversorgen geschrieben.
Ich schnaubte förmlich vor Empörung: Gebären und Versorgen. War das nicht genau das, worauf wir Frauen uns nicht mehr reduzieren lassen wollten?
Einzig das Monetisieren dieser beiden Lebensaufgaben macht die Interviewte zur unabhängigen und damit vordergründig emanzipierten Frau. *Dachte ich.*

Inzwischen frage ich mich, ob ich mit meiner Kritik nicht vollkommen daneben lag. Es ist eine wirtschaftsorientierte und männliche Sicht auf die Welt, die uns glauben macht, dass bestimmte Kompetenzen nichts wert wären.
Auch Frauen selbst, stellen sich viel zu oft gegenseitig in Frage, beachten Projekte und Bemühungen nur ungenügend und verharren stattdessen in ihrem Dienstleistungs-Alltag. So habe ich es überwiegend erfahren und beobachtet und frage mich deshalb: Fühlen sich Frauen von der Lebensrealität anderer erfolgreicher Frauen bedroht?
Wir sollten aufhören, Erfolg von Frauen klein zu reden, weil weibliche Aufgabenfelder auf diese Art wegen fehlender Wertschätzung immer im Bereich des Niedriglohnsektors bleiben werden, außer wir legen eine herausragende Influencerinnen- oder Bloggerinnen-Karriere damit hin.
Hinzu kommt, dass manche Männer karrieretechnisch sehr viel besser fokussieren. Sie machen beispielsweise einzig und alleine „nur" eine Karriere als Restaurant-Kritiker, Eleanor Ozich hat dies im Gegensatz dazu jedoch einfach „nebenbei" und unbeachtet aus dem Ärmel geschüttelt.
Weiterhin bespielt sie darüberhinausgehende Aufgabenfelder (Fotografie etc.), die von mir fast nicht wahrgenommen wurden, weil manches eben nur dann etwas wert ist, wenn es im medialen Fokus steht, hochdekoriert und bezahlt wird oder, wenn es ein erfolgreicher Mann macht.

Müssen wir Frauen also besser fokussieren und uns besser verkaufen, um überhaupt Erfolg zu haben?

Dagegen steht, dass es vielen Frauen nicht wert ist, sich für eine Karriere zu verbiegen. Warum sollte sich beispielsweise eine naturwissenschaftlich begabte Frau in ein langwie-

riges wissenschaftliches Studium stürzen, wenn sie zusätzlich verspürt, dass sie sich, wie viele andere Frauen, auch für das kommunikative, hauswirtschaftliche, soziale Umfeld interessiert oder keine Lust hat, sich nur auf Wissenschaft zu fokussieren. Wäre dies nicht auch aus anthropologischer, soziologischer Sicht begründet und legitim? Manche Frauen beziehen ihre Selbstbestätigung durch andere Werte als dem Stereotyp der Karrierefrau. Wer will ihnen das absprechen? Auch DIY-Bloggerinnen verfolgen Projekte und managen ihre Bereiche. Milde lächelnd werden diese Aspekte jedoch überwiegend dem Hobbysegment zugeordnet.
Sicher, es sind genau diese emotionalen, kreativen und ästhetischen Anteile, die ein Leben aus der Pflichterfüllung kapitulieren und lebenswert machen. Im Grunde wäre das auch kein Problem, wenn wir alle mit diesen Tätigkeiten eine ausreichend hohe Rente erwirtschaften könnten.
Es wäre tatsächlich ganz wunderbar, wenn wir alle im Neigungsberuf richtig gut verdienen könnten. Wie würde das Leben auch aussehen, wenn wir nur klassische Karrierefrauen- und Männer hätten? Wie schrecklich wäre es, wenn nur noch gehetzt und delegiert würde und man sich die Klinke in die Hand gäbe? Gibt es nicht möglicherweise doch ein Recht auf ein „heiles“ (Familien)leben?
Und hat Eleanor Ozich den Bereich Karriere und Familie nicht beeindruckend miteinander verbunden?
Sie hat sich selbst zur Expertin erhoben. Das war kein Glücksfall, kein: „Ein blindes Huhn findet auch mal ein Korn“, das war die Bündelung von Energie, die in eine Thematik geflossen ist, die viele Menschen interessiert und deshalb auf dem Markt zum Handelsgut wurde.
Gleiches hat *Marie Kundo* mit ihrem Bestseller über das Aufräumen erreicht.

Deshalb plädiere ich an alle Frauen: Findet euer Arbeitsfeld, werdet darin zur Expertin, hebt euch von anderen ab, seid stolz darauf und kommuniziert das!
Denn: Expertinnen sind in allen Bereichen gefragt – zur Not sogar in Teilzeit.

Zu den genannten Personen:

Marie Kondō ist eine japanische Beraterin und Bestsellerautorin, deren drei Bücher in 27 Sprachen übersetzt und weltweit 7 Millionen Mal verkauft wurden. Im Englischen wurde ihr Nachname zum Verb *„to kondo"*, das *„einen Schrank aufräumen"* bedeutet. (Wikipedia)

Eleanor Ozich (www.eleanorozich.com) hat sich mit ihrem Mann und den Kindern fürs Leben auf dem Land entschieden. Als leidenschaftliche Köchin und Genießerin arbeitete sie als Stylistin, Fotografin und Restaurantkritikerin für verschiedene Magazine und betreibt einen sehr erfolgreichen Blog *„My petite kitchen"*.

Auch im wissenschaftlichen Bereich erhalten Frauen inzwischen mehr Aufmerksamkeit. Deshalb gab es zum Thema zahlreiche Artikel – einer davon: Frauen, die ins Weltall fliegen. Mit der Initiative „Die Astronautin"[27] möchte die Astrophysikerin *Suzanna Randall* dafür sorgen, die erste deutsche Frau im Weltraum zu werden: Sie wolle ins All fliegen, um Neues zu entdecken, sagte Randall in dem Interview. Das sei ähnlich wie bei der amerikanischen Science-Fiction-Serie Star Trek.

---

[27] Quelle: https://dieastronautin.de

Nach der Lektüre des Artikels kam bei mir die Ernüchterung: Von Star Trek keine Spur. Denn die Frau selbst, als humanes Wesen, ist Gegenstand der Exkursion. Es sollen Daten zum weiblichen Körper und dem Einfluss des Weltalls auf Hormone, etc. erhoben werden. Die Astrophysikerin *Dr. Suzanna Randall* und die Meterologin *Dr. Insa Thiele-Eich* werden also ins Weltall fliegen, um vor allem einen Beitrag zur Medizin zu leisten und nicht weil sie dort als fachlich kompetente Astronautinnen unverzichtbar wären.
Sicherlich ist die Datenerhebung für die Medizin und die Wissenschaft sehr wichtig, doch ich hatte eher auf eine Exkursion gehofft, die renommierten männlichen Astronauten durch bahnbrechende weibliche Forschung den Rang ablaufen würde oder zumindestens als gleichwertig eingestuft werden könnte. Ernüchternd ist ebenfalls, dass für diesen Ausflug ins Weltall Spendengelder gesammelt wurden und diese scheinbar auch nötig waren.

Frauen erzählen sich untereinander Erfolgs-Geschichten, die keine sind, aber an die sie aus tiefstem Herzen glauben: So gesehen bei der Ausstrahlung des mdr-TV-Beitrags: *Ostfrauen – weg vom Herd.*[28]
Der im Bericht dargestellten Leistungsfähigkeit der damaligen DDR-Frauen ist tatsächlich nicht viel entgegen zu setzen. Vor allen Dingen weil sie offensichtlich derzeit auch selbst daran glaubten, mehr leisten zu müssen und es auch taten: *„Ich bin von der Arbeit zum Stillen nachhause gefahren und dann wieder zurück."*

Das Bild der leistungsfähigen und emanzipierten Ostfrau wird auch heute noch untermauert: So ist der unbereinigte Gender-Pay-Gap, also das Verdienstgefälle zwischen Mann und Frau, dort deutlich geringer als in Westdeutschland. Hierbei wird jedoch vergessen, dass für beide Geschlechter die Löhne im Osten geringer ausfallen, weniger Wohlstand zu mehr Erwerbstätigkeit von Frauen führt und zudem in diesen Erhebungen auch „Beschäftigte in der Land- und Forstwirtschaft, Fischerei, in der öffentlichen Verwaltung sowie in Betrieben mit bis zu zehn Beschäftigten" nicht berücksichtigt wurden.
Dass in der ehemaligen Deutschen Demokratischen Republik sehr viel Leistungswille bei den Frauen herrschte, ist löblich, doch wer saß dort zuhause mit dem Kind bis die berufstätige Mama zum Stillen von der Arbeit wiederkam? Sicher nicht der Ehemann, sondern die Großeltern oder eine andere Frau, die unbezahlte oder unterbezahlte Arbeit

[28] Hier der Link zur dreiteiligen Serie:
https://www.mdr.de/zeitreise/schwerpunkte/ostfrauen-106.html

leistete. Oder das Baby befand sich in einer Krippe, was entwicklungstechnisch umstritten ist.
Die ehemalige DDR ermöglichte die kostenlose Kinderbetreuung von sechs Uhr morgens bis sieben Uhr abends, so dass auch Mütter in der Lage waren, Vollzeitstellen anzunehmen. Auch die Schichtarbeit wurde von Frauen ausgeübt. Im Film wurde jedoch mit keiner Silbe erwähnt, wer zuhause nach der Vollzeitarbeit die Wäsche, den Haushalt und die weitere Kinderbetreuung übernahm.
Familien- und Hausarbeit verschwindet ja nicht, nur weil man sich Vollzeit außer Haus begibt.
Mir leuchtet es nicht ein, warum sich Ost-Frauen für emanzipierter hielten, nur weil sie sich selbst durch Doppel- und Dreifachbelastungen ausgebeutet haben.
In der DDR gab es verschiedene Frauenbilder, ein von oben verordnetes und ein im Alltag gelebtes. Die Frauen haben sich ihre Emanzipation nicht erkämpft, sie war in der DDR Staatsdoktrin. Der Staat unterstützte Mütter mit kostenloser Kinderbetreuung, mit gleichem Lohn oder einem monatlichen Haushaltstag. Im Ergebnis arbeiteten die Frauen doppelt so hart, kümmerten sich um die Kinder und um den Haushalt – die Vollzeitstelle kam obendrauf.

„Doch ansehen durfte man ihnen den Stress nicht, die Frau im Sozialismus zeigte Stärke, Fleiß und Opferbereitschaft – und klagte nicht über die Mehrfachbelastung."

Als sich diese Frauen jedoch im Arbeitsleben der ehemaligen Bundesrepublik Deutschland wiederfanden, in dem es eben nicht Arbeit für jede(n) von Staatswegen gab, kam es zum Wendeschock: Plötzlich sahen sich Frauen mit dem Denken männlicher Personalchefs konfrontiert, die lieber

Männer einstellten, denen eine Frau den Rücken freihielt, als engagierte ehemalige Ostfrauen, die sich bisher nicht am Arbeitsmarkt messen lassen mussten.
Heute ist es unvorstellbar, dass Frauen ohne eine Zwangslage bereit wären, derart über ihre Leistungsgrenze zu gehen. Dafür haben sie im Gegenzug andere Herausforderungen zu meistern: Sie verzetteln sich in der Vielzahl an Möglichkeiten, unterliegen einer Social Media Vergleichsgesellschaft, leiden unter „Mental Load" und zerbrechen an ihren eigenen Ansprüchen. Und dennoch gibt es immer noch Familien, die nach demselben Muster wie vor 25 Jahren leben: Sie ist Hausfrau, er geht arbeiten.
„Heute Hausfrau – morgen Armut", so der Titel, ausgestrahlt vom SWR im Oktober 2022.
In dieser Sendung stand eine junge Familie im Fokus, in der gezwungenermaßen der Rollenwechsel geprobt wurde, da der Mann aufgrund seiner Erkrankung nicht mehr Vollzeit arbeiten konnte.
Das Credo ist in der Beschreibung des Senders zu entnehmen: *„Die meisten Frauen in Deutschland verlassen sich finanziell auf ihren Partner, geben ihren Beruf auf und kümmern sich um Haushalt und Familie. Sie zahlen kaum in die Rentenkasse ein und tun wenig bis nichts für ihre finanzielle Absicherung. Diese gefährliche Abhängigkeit vom Partner kann in die Armut führen."*
Was mich daran sehr verwunderte: Die Autoren des TV-Beitrags zeichneten und untermauerten mit dieser Beschreibung ein rückständiges Frauenbild, das nicht mehr den Bemühungen der Gegenwart entspricht.
Warum dieses Problem trotz aller Anstrengungen dennoch weiterhin existent ist, erkläre ich mir so: Die meisten Paare sind gezwungen, das zur Verfügung stehende Gesamtein-

kommen so gemeinschaftsverträglich, wie möglich zu erwirtschaften. Es ist also zur Existenzsicherung der höchstmögliche Betrag mit den geringsten Einschränkungen relevant und nicht die berufliche Verwirklichung oder Unabhängigkeit des Einzelnen.
Dies gilt vor allem für wertorientierte Lebensgemeinschaften, in denen der Erhalt der eigenen Lebensvorstellungen oftmals schwerer wiegt, als die finanzielle Unabhängigkeit des Einzelnen innerhalb der Partnerschaft.
Im Beitrag wurde ebenfalls eine Mutter vorgestellt, die mit ihrem Weingut als Vorzeige-Unternehmerin präsentiert wurde. Sie gab zu: Ohne familiäre Unterstützung wäre dies nicht möglich.

Sind Kinder Teil des Lebens, entstehen gezwungenermaßen immer Bedingungen und Abhängigkeiten, ob vom Staat, der Familie, dem Lebenspartner oder wohlhabenden Umständen. Tatsache ist: In einer Gütergemeinschaft, die nicht über anderweitige Mittel verfügt, übernimmt stets das wirtschaftlich am wenigsten relevante Glied der Gruppe die Organisation der Lebensführung, da hier die Beschneidung von Arbeits- und Verdienstzeiten für das gemeinsame Wohl weniger ins Gewicht fallen.

Eine Rückversicherung durch die eigene Familie kommt heutzutage jedoch immer weniger zum Tragen. Inzwischen leben Großeltern weit entfernt von ihren Kindern, befinden sich im dauerurlaubendem Rentnerdasein oder müssen selbst noch hinzuverdienen, weil die Rente nicht reicht.

Doppelbelastung?

Alternde Eltern brauchen Unterstützung. Verantwortung für die eigene Familie und hilfsbedürftigen Eltern muss von erwachsenen Kindern trotz Job und eigener Lebensgestaltung übernommen werden.
Beeindruckend ist es daher immer noch, wenn ein Mann sagt: „Ich pflege meinen Vater zuhause selbst."

Den hierfür nötigen beruflichen Ausstieg muss man(n) sich nämlich erstmal leisten können. Normalerweise werden Frauen für unerwartete Krisenfälle rekrutiert, da sie in Teilzeit und werteorientierten Berufszweigen weniger verdienen, darin überwiegend keine Karriere machen und flexibler sind.
Frauen ernten hierfür jedoch keine gesellschaftliche Anerkennung sondern höchstens ein mitleidiges Lächeln. Denn jeder weiß, die Seniorenbetreuung macht sie als Doppelbelastung neben allen anderen Aufgabenbereichen einfach nebenher.

Hier stellt sich generell die Frage, ob es Gleichstellung quer durch alle Gesellschaftsschichten überhaupt geben kann, denn es ist immer das Fehlen materieller Mittel, die Menschen in Selbstausbeutung und Abhängigkeiten bringen.

Spezialistinnen braucht das Land

Die ungleiche Bewertung und Entlohnung von Arbeitsbereichen, denen der unbereinigte Gender-Pay-Gap zugrunde liegt, sind problematisch.

Berufe, die ein längeres Studium erfordern, risikoreich oder technikorientiert sind, werden beispielsweise besser entlohnt als sozialorientierte. Auch Spezialisten und Experten werden besser bezahlt. Ebenso lukrativ sind Arbeitsbereiche, in denen Macht und Kapital ausschlaggebend sind. Diese werden überwiegend von Männern priorisiert und besetzt.

Die für die Gesellschaft wertvollen sozialen, erzieherischen, pflegenden und im weitesten Sinne unwirtschaftlich orientierten Berufe bleiben hinsichtlich der Entlohnung hinter dem Ingenieurwesen, dem Management, der Politik, der Wissenschaft etc. zurück.

Karriere ist in schlecht entlohnten Berufszweigen auch nur begrenzt möglich und führt statt zu nennenswerten Gehaltserhöhungen lediglich zu mehr Verantwortung.

Wer Berufssparten im Niedriglohnsektor besetzt, ist bekannt: Meistens trifft es Mütter, Nebenjobber, Quereinsteiger und Menschen mit Migrations-Hintergrund.

Wenn verfügbar, werden in begehrten und unterfrequentierten Berufszweigen vorzugsweise Männer eingestellt, danach die ungebundenen Frauen, die Karrierewillen signalisieren und dann kommt lange nichts. Der Grund: Frauen mit Partner könnten schwanger werden oder sind schon zu „gut versorgt“ um wirklich Leistung zu bringen, Mütter, vor allem Alleinerziehende sind die letzten auf der Skala, nach ihnen könnten sich noch komplett Ungelernte und Migranten platzieren. Darüber hinaus gilt es dem altbekannten

Umstand entgegenzustehen, dass selbst bei beruflichem Erfolg auf der Karriereleiter immer noch Männer vorgezogen werden, da hier Netzwerke und Vorurteile gegen Frauen nach wie vor wirken.
Laut der Untersuchung des *„Forschungsinstituts zur Zukunft der Arbeit"* haben junge Frauen – ganz gleich ob mit Kindern oder ohne – bei betrieblichen Weiterbildungen das Nachsehen, da Arbeitgeber nachweislich zögern, in Mitarbeiterinnen zu investieren, welche theoretisch die Möglichkeit haben, den Arbeitsplatz längere Zeit zu verlassen.
Lange Elternzeiten und der arbeitsrechtliche Schutz für Mütter sind zwar eine Absicherung für Frauen, doch werden, aufgrund des Risikos von Ausfallzeiten, Männer bei Einstellung, Beförderung und Weiterbildung immer noch bevorzugt.
Meine Vermutung ist: Würden Männer die Möglichkeiten der Elternzeit mehr nutzen, wären Arbeitsstellen weniger vollzeitfixiert, würde es weniger Benachteiligungen für Frauen geben.

Männer sollten deshalb darin bestärkt werden, dass sie nicht zwingend die Ernährer- und Beschützerrolle einnehmen müssen. Je mehr sich ein Paar als Team versteht, desto besser lassen sich individuelle Lösungen für alle finden. Die ideale Partnerschaft lässt Raum für Rollenwechsel, Austausch und Entwicklung. Aufgabenverteilung, die nicht strikt sondern nach Bedarf und Energie erfolgen kann, macht das Leben entspannter. Daran immer wieder zu arbeiten, lohnt sich.
Ein abgesprochenes, zeitlich begrenztes Ungleichgewicht kann später auf diese Weise viel leichter ausgeglichen werden, als stille Vereinbarungen.

Es stimmt, Frauen sind auch heutzutage immer noch benachteiligt, doch es gibt auch die Kehrseite der Medaille: Wer stets nur bei den bequemen und schönen Dingen des Lebens laut *„Hier“* ruft, wird als emanzipiertes Vorbild unglaubwürdig. Männer, die von diesen unemanzipierten Frauen überwiegend wegen ihrer Nützlichkeit geliebt werden, sind die Opfer unserer immer noch rollenorientierten Gesellschaft. Die Zeiten, in denen sich Frauen bequem mit Sitzheizung durch die Gegend chauffieren ließen, scheinen zwar nicht vollständig vorbei zu sein, doch es gibt Grund zur Hoffnung.
Aufgefallen ist mir beispielsweise *Esther Horvath*, Jahrgang 1979, Traumjob, auch optisch eine Traumfrau und als Wissenschaftsfotografin mit Erfolg überschüttet.
Diese Frau scheut offensichtlich keine Mühen sich selbst beruflich herauszufordern. So folgt sie beispielsweise wissenschaftlichen Expeditionen[29] zur Erforschung des Meereises im Arktischen Ozean. Ihre Arbeiten wurden u.a. bereits in der *National Geographic, der New York Times, dem Wall Street Journal, sowie Magazinen wie TIME, GEO und Stern* abgebildet.
Ein echter Erfolg, dennoch konnte ich bisher nicht herausfinden: Gibt es eine Partnerschaft, Kinder oder irgendetwas, das diese Frau mit anderen Frauen ihres Alters vergleichbar macht? Wie sieht es mit Verpflichtungen oder Kompromissen aus? Könnten vielleicht ein paar gewinnbringende Rückschlüsse gezogen werden, außer der Vermutung, dass diese erfolgreiche Frau nur sich selbst den Rü-

[29] (Prof. Antje Boetius, Verena Mohaupt, Julika Zinke u.w.)

cken frei- und warmhalten muss? Beeindruckend ist: Der eingeschlagene Weg von Esther Horvath kann nicht als bequem bezeichnet werden und eine Sitzheizung gab es in der Arktis sicherlich auch nicht.

Weitere weibliche Ausnahmeerscheinungen in Sachen Fotografie:

Sarah Moon durfte als erste Frau den Pirelli-Kalender fotografieren, der sich unbemerkt vom aufreizenden Frauenbild in Richtung Kunst mit Kultstatus verwandelte.

Annie Leibowitz orientierte sich an erfolgreichen Frauen und lichtete 2015 für den Kalender die bereits 82-jährige *Yoko Ono* mit Zylinder und Blazer ab, die 68-jährige *Patti Smith* in Jeans und *Amy Schumer* samt Speckröllchen.

Laura Dodsworth bearbeitet die Themen Schönheitswahn, Selbstdefinition und Biografie auf eine Weise, die das Gefühl der „Scham" infrage stellt. Geschlechtsteile abzubilden und die Geschichte dahinter zu erzählen, wirkt auf manche verstörend, dennoch hat sie inzwischen drei Bild- und Interviewbände erarbeitet: *Womanhood, Manhood* und *Bare Reality: 100 Women, Their Breasts, Their Stories.*

Mary Ellen Mark wurde mit ihren Fotos, die gesellschaftliche Randgruppen zeigen, berühmt.

Werfen wir weiterhin einen Blick auf die schönen Künste, zeigt sich, dass in den vergangenen Jahrhunderten Frauen systematisch als Kunstschaffende ausgeschlossen wurden. Dies „schickte" sich nicht. In den Niederlanden durften

Künstlerinnen[30] beispielsweise nur Stillleben malen, während die Landschaftsmalerei den Männern vorbehalten war, da die Frauen zuhause ihre Pflichten zu erfüllen hatten und es „draußen" angeblich auch nicht sicher genug für sie war.

Heute ist beispielsweise die Künstlerin *Camille Henrot* (*1978) als weibliche Vertreterin unterschiedlichster Kunstgenres international erfolgreich. In einem Intervie[31] machte sie jedoch keinen Hehl aus dem Umstand, dass Mutter und Künstlerin zu sein immer noch ein Tabu sei. Es gäbe keinerlei Hilfen und kaum Residenzen, wo Kinder vorgesehen seien.

Grundsätzlich möchte ich an dieser Stelle erwähnen, dass Kinder nicht nur erzieherische und emotionale Aufmerksamkeit fordern, sondern künstlerische Prozesse durch die ständigen Unterbrechungen und eine nötige Aufrechterhaltung eines kindgerechten Alltags kaum möglich sind.

---

[30] Zum Nachlesen: Das letzte Bild der Sara de Vos
Autor: Dominic Smith, Verlag: Ullstein

[31] Welt am Sonntag, 25.06.2023

Ja zur Familie?

Aufgrund der Annahme eines Arbeitgebers, dass auf eine Heirat höchstwahrscheinlich die Familiengründung erfolgt, wurde einer Klägerin in einem Fallbeispiel fristlos gekündigt und die in Aussicht gestellte leitende Position anderweitig vergeben. Die Anwältin nannte das Verhalten des Arbeitgebers damals *„Unfassbar in dieser Direktheit"*. Noch beim Gütetermin sei ihrer Mandantin eine fristlose Kündigung überreicht worden.

Der Arbeitgeber behauptete schließlich vergebens, die Arbeitszeit sei aus anderem Grund nicht erhöht worden, nämlich wegen schlechter Umsatzzahlen.

Die Gleichstellung von Frauen kann demnach alleine aufgrund der Vermutung drohender Ausfallzeiten durch eine angenommene Familiengründung vereitelt werden.

Doch es geht auch anders: *Marike Frick* schrieb bereits 2014 in ihrem Artikel *„Alles vereinbar“*, dass ein Umdenken zu einer verbesserten Work-Life-Balance in anderen Ländern längst stattgefunden hat: In Dänemark, Schweden oder den Niederlanden sei es ganz selbstverständlich um 16.00 Uhr die Kinder pünktlich von der Kita abzuholen. Eltern in Deutschland dagegen hätten jeden Tag das Gefühl, niemandem gerecht zu werden: Weder dem Arbeitgeber, den Kindern, noch dem Partner.

Die aktuellen Sparmaßnahmen, der zu niedrige Personalschlüssel in Kitas und der angedrohte Abbau von Qualitätsstandards bleiben hierzulande für Familien auch heute noch bittere Realität.

Firmengründer aus Deutschland würden in Dänemark erst mal fassungslos auf Mitarbeiter reagieren, die um halb vier in Richtung Kita verschwinden, egal, wie viel noch zu tun sei. Karriere in Deutschland ist ohne eine gewisse Aufopferungsbereitschaft kaum vorstellbar. Wieso schaffen das aber andere Länder?

In Schweden gäbe es unter Firmen sogar einen Wettbewerb darum, wer das familienfreundlichste Umfeld bieten kann: Babysitter-Dienste in der Firma und die Vermittlung von vergünstigten Putzhilfen, werden, wie auch in Belgien, als Beispiele genannt. In Schweden sei man recht zufrieden mit der Balance zwischen Arbeit und Familie. Das läge auch an den Kindergärten, die von 6 Uhr morgens bis abends um 18 Uhr geöffnet sind. Auch Ideen aus anderen Ländern, wie den Papa-dag in den Niederlanden gibt es: Väter nehmen einen Tag in der Woche frei, um ihn mit ihren Kindern zu verbringen. Das geht, weil die Regierung eine Regelung anbietet, bei der jeder Arbeitnehmer das Recht auf eine sechsmonatige Familien-Auszeit hat, die er auf einen langen Zeitraum ausdehnen kann. Auf mehrere Jahre verteilt, wird so ein freier Tag pro Woche möglich. Der „Papa-dag" ist zwar unbezahlt, aber gerade diese gemeinsame Zeit ist für viele junge Familien und ihre Work-Life-Balance immens wichtig.

Die meisten Deutschen empfinden hingegen ihr Land als wenig kinderfreundlich. Oft wird die niedrige Geburtenrate mit Unfreundlichkeit von Personen und Strukturen gegenüber Kindern und Familien erklärt. Das deutsche Selbstbild unterscheidet sich damit zum Beispiel deutlich vom französischen: 2015 hielten von den unter-50-jährigen Franzosen 82 Prozent das eigene Land für kinderfreundlich, in Deutschland waren es nur 33 Prozent. Laut einer repräsentativen Umfrage des Deutschen Kinderhilfswerks im Jahr 2021 hielten immerhin 48 Prozent der Befragten, Deutschland für kinderfreundlich.

Work-Life-Balance

Auch wenn der allgemeine Existenzdruck jetzt schon weit niedriger ist als je zuvor, gibt es immer noch keine wirkliche Gleichstellung und Chancengleichheit.
Handlungsräume müssen immer noch erkämpft werden, manchmal zu Lasten der eigenen Bequemlichkeit und des Gemeinwohls, der Familie. Sich mit den eigenen Lebensumständen zu beschäftigen und diese zu hinterfragen ist anstrengend. Doch sich gleichberechtigt zu fühlen, bedeutet noch lange nicht, es auch zu sein. Und Gleichberechtigung vor einem falschen Selbstbild einzufordern ist auch keine gute Idee.
Vielleicht wäre schon vieles möglich, da politisch gefördert und rechtlich abgesegnet, doch vergessen wird dabei der Mensch, sein aktuelles Rollenverhalten und die darauf gründenden Systeme. Dabei wären wir doch eigentlich in der privilegierten Lage, unser Leben selbst in die Hand zu nehmen. Hierfür braucht es jedoch Selbsterkenntnis, klare Ausgangspunkte, Absprachen und eine eindeutige Vision. Und das ist im Alltag und durch das kurzsichtige Reagieren auf die Vielzahl an Problemstellungen für viele Menschen nicht zu leisten.
Moderne Paare geben ihre Kinder meist früh in eine Betreuung, um dem beruflichen Leben Rechnung zu tragen, sie nutzen aber auch immer häufiger Sabbaticals, Remote-Work oder Teilzeit. Dennoch scheint dies nur auf bestimmte Bildungsschichten und Berufsbilder begrenzt zu sein: Familie und Beruf unter einen Hut zu bekommen und gleichzeitig gleichberechtigt Karriere zu machen, ist in Deutschland für die meisten Menschen immer noch schwer. Abhängig vom Berufszweig und der Bildungsschicht haben

Arbeitnehmer nicht die gleichen Möglichkeiten. Kommt dann noch die Gleichstellungsfrage hinzu, macht dies umsetzbare und lebensnahe Lösungen nicht gerade einfacher. Auch die Qualität und Zuverlässigkeit der Kinderbetreuung wird den Ansprüchen moderner Eltern bisher nicht gerecht. Es fehlt an Super-Kitas, es fehlt an Geld.
Im Vergleich hierzu gilt es in Dänemark geradezu als Menschenrecht, den späten Nachmittag und Abend mit der Familie zu verbringen. Eine OECD-Studie zeigte, dass der durchschnittliche Däne nur etwa 33 Stunden pro Woche arbeitet und die ausgewogene Work-Life-Balance zu keinerlei wirtschaftlichen Nachteilen führe.
Kein Wunder: Laut einer anderen Studie seien glückliche Menschen bei der Arbeit um zwölf Prozent effizienter.
Ob die Wirtschaft gesellschaftlichem Druck nachgibt, liegt vor allem daran, welches Gedankengut sich etablieren kann und das scheint in Dänemark ganz gut gelungen zu sein.
In unserem Land sind wir offensichtlich immer noch nicht an diesem Punkt. Dies liegt aber nicht nur an der Politik, sondern möglicherweise auch an unserer eigenen Haltung: Macht, Geld und Ruhm gelten weiterhin als erstrebenswert. Jeder muss entscheiden, ob er nach den alten Regeln mitgespielt oder mit wehenden Work-Life-Balance-Fahnen das Feld räumt. Das muss man sich erst einmal leisten können.
Das jahrelang gebildete, überwiegend männliche Konstrukt, das aus der Wichtigkeit von Geschäftsreisen, die Art geschäftliche Beziehungen zu knüpfen und Probleme zu lösen, besteht, wird nicht von heute auf morgen neuen Strukturen Platz machen. Wenn Menschen in Führungspositionen hingegen ihre eigene Wichtigkeit hinterfragen und zu einem neuen Arbeitsverständnis gelangen würden, wäre dies für alle ein echter Gewinn. Inzwischen muss nicht mehr jeder

Deal vor Ort im Ausland ausgehandelt werden. Vieles funktioniert auch gut online. Remote-Jobs sparen Unmengen an Energie. Vielleicht braucht es jetzt nur noch einen Schubs und den Willen, Berufsbilder an menschliche Bedürfnisse mehr anzupassen.
In manchen Berufszweigen ist es jedoch blauäugig, zu glauben, dass wichtige Jobs in Teilzeit oder ausschließlich am Computer erfüllt werden könnten. Selbst wenn es sich um Teilzeit an vollen Tagen handeln würde, sind manche Arbeitsprozesse nicht zu unterteilen. Vorstellbar wäre Teilzeit eher epochenweise, also in ganzen Wochen. Dies erfordert sowohl am Arbeitsplatz als auch zuhause jedoch ein enormes Organisationsgeschick. Denn unvorhergesehene Ereignisse oder Kinderkrankheiten haben sich noch nie an vorgegebene Arbeitspläne gehalten.
Auch dass Dienstzeiten sich nach den Bedürfnissen der Mitarbeiter richten, funktioniert nur in bestimmten Arbeitsbereichen. Schichtdienst, Jobs in der Führungsebene und vor allem Berufsfelder, die viel Flexibilität erfordern, können so nicht abgedeckt werden. Hinzu kommt: Wirtschaftlich relevante Berufe werden überwiegend nicht in Teilzeit angeboten. Hier wäre als Lösung der Wechsel in die Selbstständigkeit denkbar, welcher jedoch in Teilzeit nicht leicht zu bewerkstelligen ist, wenn man bedenkt, dass gerade Startups und neue Ideen viel Zeit, Energie und Wille zum Erfolg benötigen. Work-Life-Balance ist wichtig, birgt aber auch die bereits genannten Gefahren. Vor allem Frauen entscheiden sich ganz bewusst gegen eine Karriere. Eine von Fortune in Auftrag gegebene Umfrage unter 300 Managerinnen zwischen 35 und 49 Jahren[32] ergab, dass nur

[32] https://www.businessladys.de/tschuess-karriere-was-frauen-wirklich-wollen/

eine geringe Anzahl ein Leben als Hausfrau wählt. Viele nehmen eine Kurskorrektur vor in Richtung altruistischer[33] Jobs und einer besseren Work-Life-Balance. Ein hoher Anteil macht sich selbstständig. Aber auch ein neues Studium oder ein Sabbatical sind häufig gewählte Wendepunkte. Dies gilt übrigens für Mütter und kinderlose Frauen gleichermaßen. Die Arbeitssoziologin *Juli Gruhlich* hat für das sogenannte Downshifting[34] folgende Gründe ausgemacht:

- Die Vereinbarkeit von Familie und Beruf ist in der Arbeits-Realität vieler Menschen nicht gegeben
- Stressbedingte Krankheiten, wie z.B. „Burnout" zwingen zum Kürzertreten
- Ökonomische Aspekte und die Sinnsuche grenzen mögliche Berufsfelder stark ein
- Das Wiederlangen von Handlungsmacht wird angestrebt

Sie untermauert: *„Der Wandel der Arbeit ist der Hauptauslöser. Problematisch sind die Verdichtung der Arbeit, also das hohe Pensum, die Entgrenzung und Flexibilisierung sowie auch die zunehmende Ökonomisierung und Entfremdung von Arbeit" Downshifting ist nicht alleine eine wertgetriebene Entscheidung. Sie geht oft mit einem Leidensdruck vor allem durch den Wandel der Arbeit einher. Und diese Menschen finden individuelle Lösungen für ein eigentlich strukturelles Problem."*

---

[33] Altruismus bedeutet in der Alltagssprache „Uneigennützigkeit, Selbstlosigkeit, durch Rücksicht auf andere gekennzeichnete Denk- und Handlungsweise. (Wikipedia)

[34] Quelle: https://www.wn.de/Freizeit/Ratgeber/Karriere/Berichte/4413633-Rolle-rueckwaerts-Ist-Downshifting-der-Abschied-vom-Aufstieg

Alles nicht vereinbar!

Bekanntermaßen ist es für Paare mit Kindern grundsätzlich schwierig, gleichberechtigt ein Einkommen zu erwirtschaften. Auch Ereignisse, zum Beispiel Jobverlust, Krankheit, Umzug oder die Pflege der eigenen Eltern richten sich nicht nach Karrierewünschen.
Die Kombination von wenigstem einem „Springer" hat sich daher in der Praxis bewährt, dies zieht aber für den Teilzeit-Arbeitenden oder beruflich neuorientierten Partner ein verringertes Einkommen, weniger Rentenvorsorge und verschlechterte Karriereaussichten nach sich.
Familie bedeutet: Weniger planbare Lebensumstände, bestenfalls genaue und wohlüberlegte Standortwahl für Leben und Beruf, höhere Unterhaltskosten, Ansprüche an Bildung, Betreuung und Erziehung.
Bei der Vielzahl der Anforderungen wird allen Beteiligten früher oder später klar: In Sachen Familie lässt sich die Erfüllung eigener Wertvorstellungen nicht vollständig außer Haus delegieren.
Und: Es wird kaum der Fall eintreten, dass beide Partner Karriere in Teilzeit machen. Wenn doch, kommt die nächste Pandemie mit Sicherheit dazwischen und führt vor, was Systemrelevanz bedeutet. Denn von der sind die meisten Mütter ganz weit entfernt. Hinzu kommt: Inzwischen gibt es die Familiengründung längst nicht mehr im klassischen Sinn: Patchwork-Familien, gleichgeschlechtliche Paare, Adoptionen, enorme Altersunterschiede und Verschiebungen zum klassischen Familienmodell haben sich etabliert.

Im Grunde ist alles möglich, nur eines bleibt gleich: Die Partnerfindung findet überwiegend immer noch auf emoti-

onaler Ebene statt und es wird selten bis auf den Cent genau aufgerechnet, wer wie viel zum Einkommen beiträgt. Doch spätestens, wenn entschieden werden muss, wer Zeit für den Faktor Familie aufbringen kann, kommt die wirtschaftliche Relevanz beider Partner ins Spiel. Kinder benötigen wirtschaftliche Sicherheit, Pflege, Aufmerksamkeit und Energie, es ist ein ganz einfaches Rechenexempel:
Der für die Erziehung und Betreuung benötigte Zeitfaktor kann auf keine Weise hinzugefügt oder aus irgendeiner Rippe geschnitten werden. Die einzige Möglichkeit besteht darin, dass die Jobs des Paares in der Summe so gut dotiert sind, dass bezahlte Betreuungshilfen Arbeiten übernehmen oder im Verhältnis von den Partnern dank besser vergüteter Stundensätze einfach weniger gearbeitet werden muss und diese Zeitersparnis dann den Kindern zugute kommt.
Doch was passiert innerhalb einer Lebensgemeinschaft, wenn keine Jobs mit flexiblen Arbeitszeiten verfügbar sind und eine klassische Arbeitsstelle außer Haus angenommen werden muss?

Mögliche Szenarien:

- Väter halten ihrer Partnerin den Rücken frei: Wirtschaftlicher Verlierer ist im Hinblick auf eine eigene Rente und Karriere der Mann.

- Mütter halten ihrem Partner den Rücken frei: Wirtschaftliche Verliererin ist die Frau.

- Mütter und Väter ermöglichen sich mittels Teilzeit gegenseitig den Verbleib im Berufsleben: Beruflicher Erfolg ist für beide in dieser Kombination eher selten.

Wirtschaftliche Verlierer sind beide, wenn unglückliche Umstände, wie beispielsweise lange Fahrtwege zur Arbeit, geringe Entlohnung und Steuerlast miteinberechnet werden, ist es noch gravierender.

- Mütter und Väter ermöglichen sich mittels Vollzeit gegenseitig den Verbleib im Berufsleben: In dieser Konstellationen wird aufgrund beruflicher Verpflichtungen Familie nicht gelebt sondern gezwungenermaßen vieles delegiert: Emotionale Verlierer sind alle, vor allem die Kinder.

- Mütter und Väter entscheiden sich für das vielfach gelebte Vollzeit/Teilzeit-Modell. Die resultierenden Nachteile zeigen sich vor allem im Fall der Trennung, wenn einer der Partner den Karriereknick nicht mehr ausgleichen kann und/oder zusätzlich als Alleinerziehende/r belastet ist.

- Oma und Opa halten beiden Elternteilen den Rücken frei: Super Idee, wenn die nicht gerade auf Weltreise wären oder pflegebedürftig. Inzwischen gibt es für viele ältere Menschen auch keine Rentenzeit mehr, da zur Existenz-Sicherung weitergearbeitet werden muss.

Teilzeit für beide Partner ist im Sinne der Freizeitgestaltung und Familiengründung zwar verlockend, kostet aber bares Geld: Jedes Paar überlegt sich zweimal, ob sich die Anfahrt und der Aufwand für zwei Teilzeitstellen noch rechnet.
Arbeitsstellen liegen nicht automatisch neben Schule oder Kindergarten. Es gibt für jede zusätzliche Arbeitsstelle einen organisatorischen Zeitaufwand, der gegen das monatli-

che Gehalt gegengerechnet wird.
Meist wird in Teilzeit generell nicht genug verdient, um das Modell von zwei Teilzeitstellen für eine Familie überhaupt tragfähig zu halten.
Was hinzukommt: Gehalts- und Karriereeinbußen durch Teilzeit ist kaum jemand bereit zu tragen, der sich bereits zuvor in einem Vollzeitjob etabliert hat oder ein vorangegangenes kostenintensives Studium abbezahlen muss.

Gleichstellung und die Vereinbarkeit von Familie und Beruf funktioniert vor diesem Hintergrund nicht. Tatsächlich geht es bei dieser Frage nicht einmal zwingend um die Geschlechterfrage und Rollenverteilung: Paare behindern sich nicht bewusst in ihrer beruflichen Entwicklung.
Zum Tragen kommt, wie bereits erwähnt, vielmehr die wirtschaftliche Relevanz beider Partner, bei der oft einer weniger „wichtig" ist, außer das Paar verfolgt von Anfang an einen ausgeklügelten Plan zur Gleichstellung.
Frauen suchen sich, wie bereits mehrfach erwähnt, statistisch belegt ihr Karriereglück überwiegend in den schlechter bezahlten Berufszweigen. Wenn sich dann in einer Partnerschaft die Frage stellt, wer aus der Karriere aussteigt, sind dies in der logischen Folge die weniger gut verdienenden Frauen. Die meisten Männer empfinden diesen Umstand jedoch nicht als negativ, sie fühlen sich in der „Ernährer-Rolle" bestätigt und konsumieren das wohlige Nest, welches häufig dem Familien-Ideal entspricht. Hinzukommt: Nicht jeder möchte für Doppel-Vollzeit-Stress fremden Menschen die Haushaltsführung überlassen, die Kinder in Ganztags-Betreuungen unterbringen und zwischen Mental Load und Dauer-Absprachen leben.
Nur zu schnell spielen sich die Dinge in Partnerschaften

deshalb nach althergebrachten Mustern ein, gemeinsame Werte werden gelebt und solange kein Sand ins Getriebe kommt, ist alles in bester Ordnung, warum also etwas daran ändern?
Weil auf diese Art unbemerkt Gehalts- und Aufstiegseinbußen einhergehen. Berufliche Entscheidungen, die vor dem Hintergrund des allgemeinen oder des Kindeswohls getroffen wurden, sind häufig nicht greifbar.
Tatsächlich halten viele Frauen es nicht für erstrebenswert, das vertraute gemeinsame Leben einer Karriere zu opfern, die sie möglicherweise nicht einmal erfüllt. Sie verschließen mit dieser Mann- und Familienfixierten Haltung die Augen vor den möglichen negativen Konsequenzen ihres Handelns, obwohl die Problemstellungen geschiedener Frauen und alleinerziehender Müttern bekannt sind.
Aus einer finanziellen Abhängigkeit resultiert ebenso der Zwang zur Aufrechterhaltung von Beziehungen, die möglicherweise nicht mehr tragfähig sind. Es ist daher immer noch viel Reflexion und Gestaltungswille vonnöten, wenn Frauen einen eigenen und stimmigen Weg gehen wollen.

Laut dem Statistischen Bundesamt sind in Deutschland zurzeit rund 85 Prozent der Alleinerziehenden Mütter und nur etwa 15 Prozent Väter. Ein tendenzielles Wachstum bei den alleinerziehenden Vätern ist zu verzeichnen, jedoch sind diese auffallend in der Minderheit.
Es ist ein böses Erwachen, wenn Frauen durch geringfügige Tätigkeiten und Teilzeitarbeit den Anschluss im beruflichen Umfeld verpasst haben. Aufpassen müssen vor allem Berufsanfängerinnen, Mütter, Frauen mit einer Belastung durch pflegebedürftige Angehörige, aber auch Frauen, deren gewählter Beruf voraussichtlich nicht genug zum Ge-

samteinkommen beitragen wird und damit leichter aufgerechnet und gestrichen werden kann.
Manche Frauen arbeiten teilweise gezwungenermaßen nicht mehr im erlernten Beruf, da es in ihrem Fachbereich keine adäquaten Teilzeitstellen gibt oder ihr Beruf bereits überholt ist und eine Umschulung nötig wäre.
Die Vereinbarkeit von Familie und Beruf bleibt unabhängig davon, wer nun bei den Kindern bleibt, ein unliebsames Dauerthema, denn während einer herausfordernden beruflichen Tätigkeit ist es erwiesenermaßen nicht möglich, nebenbei auf dem Spielplatz zu sitzen, Kinder verschiedener Altersklassen zu betreuen und zu erziehen, dem Partner den Rücken freizuhalten und den Haushalt zu erledigen. Kinder und Familie sind ein Vollzeitjob, der lediglich delegiert werden kann. Das Reinrutschen in sich ergebende Lebensumstände ist vor diesem Hintergrund wirklich nicht schwer.

Ob nach Rollenmustern gelebt wird und welche Mechanismen wirken, muss in Partnerschaften daher ehrlich reflektiert werden.
Fragen wir uns, wer zuhause erfahrungsgemäß die Stellung hält, kristallisieren sich möglicherweise ganz bestimmte Verhaltensmuster heraus, die nicht unbedingt weiblich sind, jedoch häufig auf Frauen zutreffen.

Bleibt die Person zuhause, der vielleicht die Ellenbogen für die harte Arbeitswelt fehlen oder der persönliche Werte wichtiger als Geld sind? Ist es derjenige, der vielleicht noch keine gefestigte Vorstellung von der gewünschten Erwerbstätigkeit oder Karriere hat? Oder sind es die Leichtgläubigen: Familie und nebenher „Weiterbildung“, „Studium“,

„Selbständigsein“ oder „Job-Downshifting“ – das klappt schon irgendwie?
Oder ist es am Ende doch die Mutter, die alleine schon durch ihre biologische Ausstattung, hormonelle Bindung und weiblichen Präferenzen für diese Aufgabe bestens geeignet erscheint?

Und wer geht im Gegenzug Vollzeit arbeiten?
Der mit dem größeren Ego oder Leistungswillen, die Person, die mehr Potenzial hat, Karriere zu machen und viel Geld zu erwirtschaften und so die Existenzsicherung der Familie besser voranbringen kann? Derjenige, der sich mit Haushalt und Kindern unterfordert fühlt?

Das wirtschaftlich wünschenswerte Modell „Beide gehen in Vollzeit arbeiten“ scheitert meist an den Wertvorstellungen der gemeinsamen Lebensführung. Schließlich ist Familie ja nicht gegründet worden, um diese dann wieder vollständig an fremde Menschen wegzudelegieren.
Und jene Arbeitnehmer, die es anderen ermöglichen, Karriere zu machen, sind frappierenderweise selbst Menschen, die dem Spagat zwischen Familie und Job ausgeliefert sind. Die jedoch mangels anderer Möglichkeiten diese Arbeiten im Niedriglohnsektor übernehmen müssen. Das Problem wird so lediglich in die nächste soziale Schicht verschoben. Verlierer gibt es am Ende immer.
Wenn alle Voraussetzungen geschaffen sind, damit Frauen gleichberechtigt arbeiten und Verantwortung übernehmen könnten, sähe unser Leben evtl. so aus: Die Arbeitslosigkeit würde zahlenmäßig rapide ansteigen, da die ehemaligen Hausfrauen auf den Vollzeit-Stellenmarkt drängen und nicht mehr in der Minijob-Statistik versteckt werden könn-

ten. Kinder gäbe es noch weniger.
Ausländische und ungelernte Arbeitnehmer würden, wie bereits in anderen Ländern üblich, verstärkt im häuslichen, pflegenden und betreuenden Bereich eingesetzt, da immer noch niemand bereit ist, diese Arbeit angemessen zu bezahlen und wir sie uns auch nicht leisten können.
Die Vergangenheit hat gezeigt, dass diese schlecht bezahlten Arbeiten an die bedürftigsten Menschen delegiert werden, denen eine wahre Integration auch aus dem Nichtvorhandensein eigener finanzieller Mittel verwehrt bleibt.
Wer nach dem Putz- oder Schichtdienst nur noch die Füße hochlegen will, dem ist das ganze Gleichstellungs-Thema völlig egal oder er kann es sich schlicht nicht leisten.
Das Leben ist für manche nämlich auch ohne die Gleichstellungsdebatte schon anstrengend genug. Rollen und Aufgaben werden aus diesem Grund beibehalten, weil sie eingespielt sind, gut funktionieren und neue Verhaltensweisen vor diesem Hintergrund anstrengend und unnötig erscheinen.

Superwoman at work

Berichtet wird spätestens ab dreißig über eine nicht greifbare weibliche Erschöpfung, die sicher auch auf dem Perfektions- und Anspruchsdenken von Frauen beruht, doch ihren Ursprung vor allem in der eigenen Bewertung, einer fehlenden Fokussierung und der unübersichtlichen Vielzahl von Aufgaben hat.

Die Hyperfixierung auf reibungslose Abläufe und Sinnhaftigkeit lassen Frauen leicht in die Superwoman-Falle abrutschen. Manche Männer meinen hingegen, eine Haushaltshilfe, die man sich vielleicht gerade eben so leisten kann, wird es schon richten.

Das mag bei einem überschaubaren Single-Haushalt gut funktionieren, doch je mehr Mitglieder zu einem Haushalt hinzukommen, desto komplizierter wird es.

Der größte Druck entsteht durch die eigene Überzeugung: Wenn ich nicht daran denke, tut es keiner.

Warum es eben nicht reicht, jemanden im Haus zu haben, der Arbeiten abnimmt, zeigt eine Vielzahl von Berichten über *„Mental Load"*. Dieser Begriff bezeichnet die mentale Belastung, die durch eine unendlich lange Aufgaben-Liste entsteht.

Und damit nicht genug: Die Vielzahl dieser Aufgaben zieht weitere Aufgaben nach sich. Es stimmt: Dies ist vor allem ein Mütterproblem.

Bemerkt der verantwortliche Mensch beispielsweise beim Kinderkleidung zusammenlegen, dass diese zu klein geworden ist oder ersetzt werden muss, steht ein neues To-do, nämlich die Neuanschaffung auf der Liste.

Das Dumme daran: Eine Haushaltshilfe kauft keine Kleidung und damit bleibt das Problem wieder in den eigenen vier Wänden und im eigenen Kopf. Hinzukommt: Um überhaupt delegieren zu können, muss ein definierter Auftrag existieren, der aber im häuslichen Bereich als „Kleinigkeit“ mangels Zeit nicht notiert wird und damit nicht einmal auf der to-do Liste steht. Diese Mini-Aufträge sind tückisch, da wir sie selbst schneller erledigen, als sich die Erklärung einem anderen gegenüber lohnen würde. Das ist übrigens auch ein Problem von Chefs: In verantwortlichen Positionen muss eine Menge Zeit für das gegenseitige „Auf dem Laufenden halten“ und Delegieren aufgewendet werden. Das Abgeben von Verantwortung funktioniert nur dann gut, wenn ganze Prozesse abgegeben werden können. Dabei ist es egal, ob diese eine Haushaltshilfe übernimmt, der Tandempartner in Teilzeit, Oma und Opa oder der Lebenspartner.

Doch das im Hintergrund gewebte Netz mit doppeltem Boden ist typisch weiblich. Das Credo lautet: wenn ich es nicht merke/mache, macht es niemand und die Konsequenzen bade ich aus. So entsteht Kontrollwahn oder Neid auf das männliche Vermögen, Probleme einfach auszublenden oder weniger stark zu priorisieren.

Wenn der Helikopter abstürzt

Das krankmachende Potenzial, das in der Situation „Mama allein zu Haus“ steckt, sollte nicht unterschätzt werden. Frauen mit sehr guten Ausbildungen bekommen oft keinen angemessenen Teilzeitjob und verlagern ihre Energie, indem sie ihre Kinder selbst betreuen, haushaltsnahe Dienstleistungen übernehmen und das Familienglück im Allgemeinen perfektionieren. Doch gerade Frauen, die es gewohnt sind, viel Leistung zu bringen, geraten als Hausfrau und Mutter in die Supermutterfalle, die möglicherweise anderen gut tut, aber nicht ihnen selbst.

Effektives Arbeiten im Haushalt, die Übernahme der Familienbuchhaltung, der Urlaubsplanung, des Hausbaus und so weiter, können Frauen tatsächlich so sehr einspannen, dass sie sich nicht nur unersetzlich fühlen, sondern es auch wirklich sind.

Der Büroartikelhersteller *Viking* hat Mütter mit jeweils zwei Kindern befragt, welche Dienste sie während der Familienarbeit leisten. Danach wurde abgerechnet.

Dabei kam heraus, dass Mütter Dienstleistungen in Höhe eines überdurchschnittlichen Gehalts erbringen.

Für den Beruf „Mutter“ wurde so (Stand 2016)[35] ein Jahresgehalt von 64.517 Euro errechnet. Sylvia Sima, die Gründerin der Elternplattform *welovefamiliy.at* resümiert: *„Das Ergebnis ist schockierend und befriedigend zugleich."*

Bei der Abrechnung wurde der jeweils realistische Wert der Arbeiten hochgerechnet, so waren Erziehungsarbeiten beispielsweise mehr „wert“ als hauswirtschaftliche Tätigkeiten.

---

[35] Quelle: https://www.epochtimes.de/gesundheit/muetter-sind-unbezahlbar-a1331872.html

Kochdienste für die Kinder wurden ebenfalls höher gewichtet. Auch typische Mütter-Aufgaben wie Chauffeurdienste, Krankenschwesterleistungen, Nachtdienste, Familien-Einkäufe etc. wurden aufgerechnet.

Sylvia Sima: „Muttersein ist ein Vollzeitjob – egal, ob ein Kind oder mehrere. Als Mutter bist du 24 Stunden am Tag, sieben Tage die Woche, 365 Tage im Jahr auf Achse.
Gott sei Dank nehmen heute moderne Männer den Frauen viel von dieser Arbeit ab. Dennoch, wenn Männer einen Teil dieser Aufgaben übernehmen und auch einmal mit dem Kind auf den Spielplatz geben, dann bekommen sie dafür von allen Seiten Lob und Anerkennung. Bei Mama ist das normal und wird als selbstverständlich angenommen. Genau darum ist diese Auflistung eine tolle Bestätigung für die Leistungen aller Mütter."

Wer kann das Handeln von Supermüttern verurteilen? Schließlich ist kaum jemand bereit, einmal erworbene Wertvorstellungen und Ansprüche wegen dem Faktor Kind herunter zu schrauben. Externe Kinderbetreuung ist dann, abgesehen von der fehlenden Zuverlässigkeit, nicht gut genug, Kuchen muss selbst gebacken sein und ein bisschen Chinesisch kann auch nicht schaden.
O.k., jetzt habe ich übertrieben.
Diese Frauen machen jedenfalls auch den Job zuhause im gewohnten Leistungsanspruch. Warum sollten sie auch diese Art der Arbeitshaltung und des Leistungswillens im Leben mit Kind aufgeben?
Bestätigung holen sich manche, indem sie die besten Supermütter sind. Andere bekommen Depressionen, weil sie merken, egal, wie sich abstrampeln, irgendwie reicht es nie.

Oft wird diese Empfindung in den Medien aufgegriffen: *„Mütter sind gestresst wie nie!“*, titelte *Bild der Frau*. Laut einer im Artikel genannten Forsa-Studie für die Zeitschrift *„Eltern“* eilen und hetzen 67 Prozent der Mütter durch ihren Alltag.

„Schuld ist nicht zuletzt das Bild der Supermutter in den Medien“, sagt Psychologin Karin Kutz.

Wie sehr diese Super-Mütter von Einzelnen verachtet werden, zeigt der höhnische Artikel von *Peter Lau*[36], der in der Zeitschrift *brandeins* erschienen ist. In diesem appelliert der Autor an die Übermütter, es mal gut sein zu lassen. Er erzählt von ganz alltäglichen Dingen, z.B. der mütterlichen Fürsorge, die seiner Meinung nach zu weit geht. Das Kind könnte allein dadurch verzogen werden, wenn es merkt, dass Mama besorgt ist und sich kümmert, auch wenn es nicht schreit. Der Autor lässt sich nach vielen weiteren Beispielen auch über den unnötigen Kleinwagen aus, da es für ihn ein Widerspruch ist, mit dem Auto zur Bewegung zu fahren. Doch dass Eltern der Kinder wegen oder aus finanziellen Gründen aufs Land ziehen und daher evtl. einen Zweitwagen benötigen und Angebote für Kinder meist nicht direkt am eigenen Wohnort sind, würde ihm vermutlich nur eine weitere Zurechtweisung entlocken. Mütter werden von ihm als teilnahmslose, alles entschuldigende Dummerchen hingestellt, deren Denken nur um das Kind und den nächsten Einkauf kreist.

Ein Glück, dass wir Mütter es besser wissen!

---

[36] Quelle:(http://www.brandeins.de/archiv/2012/nichtstun/lass-das-kind-in-ruhe.html)

Kalt erwischt

Familie scheint allen öffentlich sichtbar gemachten Schwierigkeiten zum Trotz manchen Zeitgenossen immer noch wie ein riesengroßes Privatvergnügen vorzukommen.
Wie es Peter Lau so treffend und ebenfalls der bereits erwähnte TV-Bericht *„Heute Hausfrau – morgen Armut“* (2022) darstellen, gibt es immer noch einige Frauen, die ihren Beruf der Familie wegen ganz aufgeben. Vor allem, wenn sie mehrere oder betreuungsintensive Kinder, pflegebedürftige Eltern, hohe Ansprüche an Erziehung, Bildung und das Leben im Allgemeinen haben oder eine schlechte Infrastruktur hinzukommt.
Übersehen wird dabei, dass überwiegend aus einem Zwang heraus der Beruf aufgegeben wird und ersatzweise alle anfallenden Arbeiten übernommen werden müssen, weil es die Umstände erforderlich machen und das Geld für das Auslagern dieser Aufgaben fehlt. Ein Ausstieg kann auch durch die fehlende Nachfrage am Arbeitsmarkt bedingt sein, so dass auch gut ausgebildete Frauen das Nachsehen haben.

Ich möchte ein Beispiel über den Ausstieg einer diplomierten Architektin anfügen, die in Wettbewerben Preise gewann, gut in ihrem Job war und trotz zweier Söhne mit Arbeitsaufträgen stets versuchte, am Ball zu bleiben. Nach der Familiengründung war sie für das Berufsleben einfach nicht mehr flexibel genug und ein „Überhang“ an Architekturabsolventen erschwerte die Jobfindung zusätzlich. Da waren die Kinder, Familienprojekte, der Umzug aus dem alten beruflichen Umfeld hinaus in ein denkmalgeschütztes Fachwerkhaus, in das man viel Zeit investieren musste.

Was lag da näher, als das alles einfach selbst zu machen, statt sich in eine Festanstellung mit komplizierter Urlaubsgestaltung, Kinderbetreuung und Dauerstress zu begeben?

Doch dann kam mit der Scheidung alles anders: Nun musste sie beruflich für sich einstehen und gleichzeitig für ihre Kinder sorgen: Sie schulte um. Und es stimmt: Wer einmal Architektin war und danach notgedrungen den Beruf der Erzieherin ergreift, hat karrieretechnisch verloren.
Erzieherin ist sicher keine verkehrte Wahl, um in das Berufsleben zurückzufinden, wäre da nicht der bittere Beigeschmack, dass an diesem Beispiel aus der Reihe *„Frau und Gesellschaft“* ganz deutlich wird, dass Ehefrauen und Mütter in dem vorherrschenden System und einem familiendienlichen, selbst gewähltem Lebensmodell auf der Strecke bleiben. Dass eine akademische Ausbildung, die viel Zeit und Geld gekostet hat, dann einfach nichts mehr wert ist.
Dass eine Frau, die nicht kontinuierlich durch einen Arbeitgeber oder Kundenreferenzen als wertvoll klassifiziert wurde, automatisch aus dem System in die Arbeitslosigkeit, Mütter- oder Teilzeitfalle rutscht.
Dass eine Mutter alleine wegen dem drohenden Ausfall kranker Kinder, häufig gar nicht als Bewerberin für eine anspruchsvolle feste Stelle in die engere Wahl kommt, ist noch eine ganz andere Geschichte. Auch dass es eher die Mütter sind, die wegen der Schlechterstellung des Gehaltes, diejenigen sind, die bei den Kindern zuhause bleiben und als Haushaltshilfe, Organisationstalent, etc. geldwerte Vorteile in allen Bereichen schaffen.
Vielleicht denken Frauen tatsächlich auch mal daran das Modell *„Vater allein zu Haus“* umzusetzen und eine Vollzeit-Stelle anzutreten, doch viele haben genügend Fantasie,

dass ihnen schon allein die Vorstellung reicht, nach der Arbeit im Haushalt weiterarbeiten zu müssen.
Dumm gelaufen? Vor allem gescheitert an weiblichen Ansprüchen und vielleicht nicht vollständig entwickelten Männern. Emanzipation hin oder her.
So bleibt die Verantwortung also doch wieder bei den Müttern. Bei denen, die manchmal meinen, sie hätten zusätzlich zu ihren Kindern noch eines mehr.
Alle, die ihren Männern zu wenig zutrauen, sei gesagt:

Ein Mann kann tun, was eine Frau tun muss.

Dieses Beispiel eines Beruf-Ausstiegs gibt zu denken, weil es in der Vergangenheit schon so oft vorgekommen ist, dass es zur Verallgemeinerung dienen kann. Ein Beispiel dafür, dass jede Frau gut aufpassen sollte, wann sie die Verantwortung für sich selbst zugunsten einer Familie aufgibt.
Willkommen in der Mütter-Falle. Und doch meinen immer noch einige, dies wäre alles nur eine Frage der Organisation. Zu diesem dankbaren Thema wurden daher schon unzählige Ratgeber geschrieben. Doch am Ende wird klar: Wenn das alles 1:1 umgesetzt würde, müssten Mütter einfach noch mehr leisten. Und Alleinerziehende erst recht.
Beruflich Prioritäten zu setzen, ist also eine unabdingbare Notwendigkeit, wenn Kinder ins Spiel kommen.
Dies wurde auch mir persönlich klar, als ich eine Alleinerziehende traf, die kommunale Jobaufträge ausführte, die ich als Selbstständige auch sehr attraktiv gefunden hätte.
Sie konnte sich trotz der hohen Belastung als Alleinerziehende beruflich entwickeln und ließ durchblicken, dass ich, als gut versorgte Ehefrau, doch keinen Grund zur Klage hätte. Ein echter Tiefschlag.

Als Verteidigung führte ich mein fehlendes berufliches Netzwerk vor Ort an, außerdem hatte ich meine Prioritäten eher unfreiwillig in Richtung Familie verschoben.
Während Ehefrauen und liierte Mütter Entscheidungen treffen, die alle miteinbeziehen, haben Alleinerziehende den Druck, aber auch die Freiheit, selbstorientiert Wege einzuschlagen, die keinen weiteren Erwachsenen in seiner Erwerbstätigkeit einschränken.
Der beruflich etablierte Partner von liierten Müttern wird in seiner Stellung meist nicht hinterfragt und in seiner Tätigkeit beschnitten, einfach weil es unwirtschaftlich wäre, einen bereits erreichten Karrierestatus für unsichere Aussichten aufzugeben. Und für das Auslagern der familiären Arbeit fehlt den meisten jungen Paaren das Geld.
Dass Alleinerziehende hohen Belastungen ausgesetzt sind und meist keine gleichwertige Karriere wie Männer machen können, ist ein anderes Thema. Der Wille und der Druck „Sich durchzubeißen" ist bei Alleinerziehenden jedoch gezwungenermaßen sicherlich ausgeprägter.
In meinem Fall wurde schnell klar: Zeitgleich zu meiner beruflichen Entwicklung fand auch die Familiengründung statt. Rücksichtnahme auf die Karriere des Partners, das große Interesse am Ausfüllen der mütterlichen Rolle und die eigene Unsicherheit, wo es genau mit meiner beruflichen Entwicklung nun hingehen solle, führte zum bekannten Szenario: Frauen stecken zurück, weil unbequeme Entscheidungen einen Rattenschwanz an Konsequenzen nach sich ziehen würden, die eine ganze Familie betreffen.

Wenn wir aus einer unabhängigen Position heraus schon früh erkennen und benennen könnten, wer wir sein möchten und welche Werte wir im Leben verfolgen, wären wir

für das Abenteuer „Leben und Beruf besser gerüstet.
Doch meist bleibt keine Zeit zum Innehalten, wir bewegen uns von einer geselligen Runde in die Nächste.
Von der Herkunftsfamilie, über Schule, Berufsfindung, Hobbys zu Freundschaften und (Lebensabschnitts)-Partnern.
Erst viel zu spät und oft in der Midlife-Crisis kommt die Frage auf: Wer bin ich, was will ich und wo will ich hin?
Dass Frauen sich darüber viel seltener bewusst sind, als Männer, liegt meiner Meinung nach daran, dass wir ein an Erwartungsmuster angepasstes Leben führen, ohne es zu merken. Und so verlieren sich viele Frauenbiografien in dem Muster eigener Werte, Sinnsuche, sozialem Miteinander, Partnerschaft und Familiengründung.

Daten und Ländervergleich

Gleichstellungsarbeit von Kommunen wurde in Deutschland seit 2016 alle zwei Jahre mit dem *„Gender Award – Kommune mit Zukunft"* gewürdigt. Die Städte Nürnberg, Tübingen, Mannheim, Köln und Flensburg wurden 2023 für ihre vorbildliche Gleichstellungsarbeit[37] ausgezeichnet. Bisher scheint das generelle Interesse von Städten an dieser Auszeichnung jedoch nicht sonderlich groß zu sein: Lediglich 15 Kommunen[38] beteiligten sich beispielsweise 2018 am Wettbewerb. Die Aussagekraft von Platzierungen bleibt vor diesem Hintergrund fraglich, solange nicht jede deutsche Stadt verbindlich zum Vergleich aufgefordert wird.
Gleichstellung hat viele Gesichter und diese ausschließlich mit Chancengleichheit im Arbeitsleben zu verwechseln ist sicher ein Gedankenfehler, der daher rührt, das Arbeiten in unserer Lebensrealität einen hohen Stellenwert einnimmt.
Bei uns in Deutschland steht tatsächlich vor allem die Vereinbarkeit von Familie und Beruf im Fokus.
Eine Fotografin aus Belgien sagt dazu: *„Die Probleme aus* Deutschland kennen wir hier so in dieser Form nicht."

Das kleine Land *Belgien* erzielte hinter *Schweden* im gesamten Gender Equality Index 2021 tatsächlich einen guten 8. Platz von insgesamt 27 Ländern und liegt über dem Durchschnitt der Europäischen Union.
Schweden lag im europäischen Gleichstellungs-Index-Vergleich auf Platz 1 und nach der Studie des Weltwirtschaftsforums auf Platz 5.

---

[37] https://www.bmfsfj.de/bmfsfj/aktuelles/alle-meldungen/fuenf-staedte-fuer-vorbildliche-gleichstellungsarbeit-ausgezeichnet-214728
[38] https://www.bmfsfj.de/bmfsfj/gender-award-zeichnet-kommunen-mit-vorbildlicher-gleichstellungsarbeit-aus-123762

Bei den Erhebungen des Europäischen Instituts für Gleichstellungsfragen[39] handelt es sich um die Bereiche: Arbeit, Geld, Wissen, Zeit, Macht, Gesundheit und Gewalt gegen Frauen.
Untersucht[40] wurde ebenfalls, inwiefern Faktoren wie Behinderung, Alter, Bildungsstand, Geburtsland und Familientyp mit dem Geschlecht zusammenwirken und die Lebenswege von Frauen und Männern prägen.

Deutschland lag immerhin auf Platz 10.
Schlusslicht war dem Index nach Griechenland mit 52,5 von 100 möglichen Punkten.

Warum liegt Belgien im weltweiten Index zwei Plätze hinter Deutschland, nämlich nur auf Platz 13?
Dies liegt daran, dass der europäische Gender Equality Index für den Zeitraum 2005 bis 2021 erhoben wurde und damit kein aktueller, sondern ein durchschnittlicher Gesamtwert ermittelt wurde.
Die Studie des Weltwirtschaftsforums untersucht hingegen jedes Jahr in 153 Ländern die Bereiche Gesundheit, Bildung, Arbeit und Politik und prüft, ob Männer und Frauen dort komplett gleichgestellt sind.
Der WEF-Studie zufolge liegen Island, Finnland, Norwegen, Neuseeland, Schweden, Namibia, Ruanda, Litauen, Irland, Schweiz und Deutschland auf den vordersten Plätzen.
2022 ist Deutschland sogar um einen Platz vorgerückt. Der Grund hierfür soll laut dem Bericht[41] die wachsende politische Teilhabe von Frauen sein.

---

[39] https://eige.europa.eu/de/in-brief
[40] https://eige.europa.eu/gender-equality-index/2021/compare-countries
[41] Quelle:

Ist Island demnach das neue Land der ungeahnten Möglichkeiten? Da gibt es zwar kaum Wald aber immerhin sind hier über 80% der Frauen berufstätig.
Vielleicht könnte für die geneigte Einwanderin ein waschechter Isländer in die engere Partnerwahl kommen, denn irgendetwas von der bescheinigten Gleichstellung muss ja bei den Isländern hängen geblieben sein!

Fast 97 Prozent der Väter gehen dort in Elternzeit, was jedoch durch die vorherrschende Gesetzgebung extrem erleichtert wird, denn seit 2003 dürfen Väter ihren Elterngeld-Anspruch nicht mehr übertragen. Entweder bleiben sie selbst zu Hause oder das Geld ist weg.
Schlau eingefädelt, oder?
Island hat außerdem im Vergleich die meisten studierenden Frauen und alle Führungspositionen sollen dort per Dekret zu 40 Prozent von Frauen besetzt werden.
Hinsichtlich der isländischen Spitzenposition im Gleichstellungsindex vermute ich jedoch auch einen Zusammenhang zur Infrastruktur: Der größte Wirtschaftssektor in Island ist nämlich die Dienstleistungsbranche, in der circa 80 Prozent der Menschen beschäftigt sind und in welcher auch in vielen anderen Ländern der Frauenanteil erfahrungsgemäß besonders hoch ist. Frauen in Island arbeiten außerdem vorwiegend im Gesundheits- und Bildungswesen.
Auch dass die Bevölkerungszahl des Landes im Vergleich zu anderen viel geringer ist, spielt vielleicht mit hinein. Denn zurzeit leben nur ca. 345.000 Menschen in Island. Wenn dort 80% der weiblichen Bevölkerung, also 136.000 Frauen

---

Zeit Online 3/21) oder detailliert:
https://www3.weforum.org/docs/WEF_GGGR_2021.pdf

berufstätig sind, müssten im direkten Vergleich in Deutschland ca. 34 Millionen Frauen adäquate Arbeit finden.
Das sind doch ganz andere Dimensionen!
Für weniger Menschen die richtige Lebensgrundlage zu schaffen und wirksame Politik zu machen ist meiner Meinung nach leichter zu bewerkstelligen als Gleichstellung im großen Stil. Insgesamt zeigt dies, dass Erhebungen nicht wirklich vergleichbar sind, da genaugenommen nur real vergleichbare Parameter statistisch herangezogen werden dürften und das ist aufgrund von unterschiedlichen Ländergrößen und Infrastrukturen faktisch nicht gegeben.
Dies sind übrigens die Länder mit der geringsten Bevölkerungsdichte: Auf Platz 1 liegt Australien, es folgen Island, Kanada, Kasachstan, Russland, Norwegen, Finnland, Neuseeland und Schweden.
Von diesen Ländern rangieren fünf auf den vorderen Plätzen im weltweiten Gleichstellungsindex. Zufall?
Entgegen meiner Theorie ist Ruanda mit rund 12 Millionen Einwohnern das dichtbesiedelste Land Afrikas und trotzdem vorbildlich in Sachen Gleichstellung.
Ruanda hat eine große Mehrheit von Frauen im Parlament und das Potenzial der weiblichen Bevölkerung wird für die wirtschaftliche Entwicklung gefördert und genutzt.
Frauen gründen zum Beispiel kleine Handwerksbetriebe und Startups. Anteilsmäßig gehen dort auch mehr Mädchen zur Schule als in den meisten Nachbarländern.
Hier ist meine Vermutung, dass (ehemalige) Entwicklungsländer viel mehr brachliegendes Potenzial haben, als etablierte Industrieländer, in denen die Stellschrauben möglicherweise festgefahren sind oder diese bereits ausgeschöpft wurden.
In Sachen Gleichstellung gibt es noch eine amüsante Ge-

schichte aus Australien: 2016 drohte Sportministerin *Sussan Ley* den öffentlich geförderten Top-Sportverbänden mit finanziellen Kürzungen, sollten sie nicht dafür sorgen, dass künftig reisetechnisch für Athletinnen die gleichen Standards gelten würden wie für Athleten.
Der Hintergrund: In Australien war die Empörung groß, als bekannt wurde, dass die Basketball-Nationalmannschaft der Frauen zu den Olympischen Spielen 2012 in der bodenständigen Economy-Klasse geflogen war, während die Männer in der vornehmen Business-Klasse reisten.
Die männlichen Basketballer schieden übrigens bereits im Viertelfinale aus, die Frauen hingegen gewannen bei dem Turnier wenigstens Bronze.
Dies ist ein gutes Beispiel für das Ego von Männern: Sie lassen eben einfach das Ticket buchen, das ihnen ihrer Meinung nach zusteht, während Frauen sich selbst nicht so wichtig nehmen und dann eben in der zweiten Klasse sitzen. Männer werden als Profi-Sportler aufgrund höherer Einschaltquoten auch immer noch wesentlich besser bezahlt und genießen daher mehr Privilegien. Solange Frauen-Sport weniger Einnahmen generiert, solange werden Sportlerinnen ungleich behandelt.
Hohe Preisgelder und Sponsorenverträge gibt es überwiegend für Männer und ihre Sportevents. Sie sind Publikum und Geldgeber zugleich. Der sogenannte Frauenfußball holt zwar langsam auf, doch dieser Prozess erscheint eher schleppend und künstlich herbeigeführt.
Niemand scheint Frauen beim Sport zusehen zu wollen, außer wenn diese dabei genügend Haut zeigen.
Beispiel Beach-Ball: Im Regelwerk vorgeschriebene knappe Bikini-Höschen sollen angeblich der *„Popularisierung der Beach-Ballsportarten“* dienen und führen möglicherweise

tatsächlich immer noch zu besseren Sendeplätzen.
Was vielfach verschwiegen wird, ist die Tatsache, dass Frauenfußball in der breiten Masse auch aus dem Grund wenig Beachtung erfährt, da er als Lesbensportart gilt und homosexuelle Menschen weiterhin von der Gesellschaft diskriminiert werden. Doch, wohin wir auch blicken: Die Gleichstellung ist immerhin in Bewegung geraten. Es lohnt sich, die einzelnen Parameter genauer anzuschauen: Europaweit bietet beispielsweise Deutschland weniger gute Arbeitsbedingungen für Frauen als Belgien.

Mit dem Blick über den Tellerrand erfahren wir, was in anderen Ländern schon etabliert ist und wovon wir uns eine Scheibe abschneiden sollten. Dass es weiterhin in nichtdemokratischen Ländern um die Rechte und Arbeitsbedingungen von Frauen nicht gut bestellt sein kann, möchte ich in diesem Zusammenhang ebenfalls erwähnen.
Doch trotz der Vorreiterrolle einiger Länder, weiß niemand so richtig, wie das Patentrezept zur Gleichstellung eigentlich aussieht und warum das alles so lange dauert.
Die Möglichkeit das eigene Leben zu gestalten und für seine Rechte einzustehen ist zwingend mit dem jeweiligen Entwicklungsstand des Landes verbunden, in dem wir leben.
Laut der Studie der Weltbank[42] sind Männer und Frauen lediglich in Belgien, Dänemark, Frankreich, Lettland, Luxemburg und Schweden gesetzlich völlig gleichgestellt.
Fragen sollten wir uns in diesem Zusammenhang aber auch, welches Interesse die Weltbank an derartigen kostspieligen Studien eigentlich hat.

---

[42] Quelle: https://www.woman.at/a/studie-frauen-rechte-maenner-gleichberechtigung

Rahmenbedingungen

Generell wird von den Männern gefordert, das Hoheitsgebiet „Karriere" abzugeben" und dass die Bundesregierung mehr Betreuungsmöglichkeiten und bessere Arbeitsmodelle schaffen möge. Geschlechterrollen sollen durch angepasste Angebote aufgelöst werden. Schützenhilfe will der Staat für alle leisten: In den jeweils aktuellen *Gleichstellungsberichten der Bundes-Regierung* ist dokumentiert, wie der Staat Gleichstellung unterstützen möchte. Zusammengefasst:

- Der Staat will mit Gesetzen die Voraussetzungen für mehr Vereinbarkeit von Sorge- und Erwerbs Arbeit schaffen.
- Frauen sollen bezüglich Berufsberatung und Weiterbildung gefördert werden.
- Selbstständige, vor allem selbstständige Mütter sollen verpflichtend besser versichert sein, um Fehlzeiten finanziell auszugleichen.
- Der Sorgebereich, in dem überwiegend Frauen arbeiten, soll durch bessere Ausbildung und Entlohnung aufgewertet werden.
- Eltern sollen künftig noch mehr staatliche Unterstützung erhalten, so dass beispielsweise auch Väter zwei Wochen lang nach der Geburt nicht arbeiten gehen müssen.
- Mehr Steuergelder sollen zur Aufwertung in den Pflege-Bereich fließen.
- Für haushaltsnahe Dienstleistungen, die das Nachgehen einer Arbeit ermöglichen, soll es staatliche Unterstützung geben, damit sich auch einkommensschwache Personen diese leisten können.

- Der Wieder-Einstieg in die Erwerbs-Arbeit soll durch ein Recht auf Weiterbildung unterstützt werden.
- Gesetze sollen angepasst werden, damit mehr verheiratete Frauen erwerbstätig bleiben und finanziell unabhängiger werden.
- Eigene Renten-Ansprüche sollen für die Sorge-Arbeit in der Familie erworben werden können.

Demnach wurde erkannt, dass irgendetwas schief läuft. Warum denken aber dennoch so viele Frauen sie wären emanzipiert, wenn sie gleichzeitig das vorherrschende Rollenverhalten immer noch mitbegründen, nicht aktiv an Veränderung arbeiten und wenig hinterfragen?
Warum nehmen sie lediglich das als gegeben an, was andere Frauengenerationen vor ihnen erstritten haben?
Durch Ablehnung eines feministischen Stempels und im Glauben, bereits emanzipiert zu sein, wird vieles einfach nicht bemerkt und abgenickt.
Dabei ist es nötig, die öffentliche Wahrnehmung zu verändern, sich selbst zu sensibilisieren und von den Veränderungen zu profitieren.
Die *Stiftung des Weltwirtschaftsforums (WEF)* prognostizierte 2019, dass es bei gleichbleibenden Trends 95 Jahre bis zu einer Gleichstellung von Männern und Frauen dauern würde. Durch die Folgen der Corona-Pandemie sollen es nun 135,6 Jahre sein. Hürden im Wirtschaftsleben und bei der politischen Beteiligung seien für Frauen weiterhin existent. Die Herausforderung, mit Familie im Berufsleben zu bleiben, wird vielfach nicht gemeistert.

Es wäre daher zwingend nötig, den unbequemeren Weg zu wählen und damit selbstbestimmt zu bleiben.

Wer seine Verantwortung zur persönlichen und finanziellen Unabhängigkeit abgibt, weil es dafür auf den ersten Blick viele gute Gründe geben mag, darf sich nicht wundern, wenn das anvisierte Lebensmodell am Ende doch nicht aufgeht und dadurch Abhängigkeitsverhältnisse oder ein Ungleichgewicht in der Partnerschaft entstehen.
Sicherlich werden bei dem Ringen darum immer wieder Fallstricke diesen Weg durchkreuzen. Wir leben nun einmal in einem sozialen Miteinander, das auch zeitweise Opfer fordert. Doch: Nur zu gerne ziehen wir Frauen uns diesen Schuh an. Wir fühlen uns für vieles verantwortlich. Vielleicht auch, weil wir gelernt haben, dass wir meist selbst am Ende die Leidtragenden sind, wenn wir nicht alles unter Kontrolle behalten.

Die ständige Verfügbarkeit als Problemlöserinnen macht uns vordergründig unersetzlich, doch genau das hält uns auch am Boden. Verantwortung übernehmen, ja – aber wenigstens auch für uns selbst.
Was auf uns zutrifft, an welchem Punkt wir stehen und wohin wir uns entwickeln wollen, können nur wir selbst herausfinden. Denn Studien bemühen sich zwar, das Wünschen, Wollen und Wirken von Frauen zu analysieren, doch kommt dabei meist nichts Neues heraus.
Junge Frauen müssen deshalb rechtzeitig mehr für sich einstehen und weniger Verantwortung abgeben. Sie sollten ihr Rollenbild selbst hinterfragen, denn die letzten Jahre haben gezeigt, dass sich die Rahmenbedingungen nur sehr schleppend zum Besseren verändern.
Frauen müssen selbst dafür sorgen, dass sie sichtbarer und wirtschaftlich relevanter werden, um selbst die Basis für Gleichstellung zu schaffen.

Gesetzliche Standards

Die Gesetze und Ansichten in Deutschland sind laut der Historikerin Maren Lorenz[43] weniger alt, als viele meinen:

„Wir sprechen immer davon, dass Gewalt gegen Frauen und Kinder in einer aufgeklärten Gesellschaft nicht sein darf. Und wir sehen uns natürlich selbst als aufgeklärte Gesellschaft. Was viele dabei vergessen: Auch bei uns war Gewalt in der Kindererziehung bis Ende der 1990er-Jahre noch nicht verboten. Genauso Vergewaltigung in der Ehe oder die gewaltsame Bestrafung der Tochter, die vielleicht unverheiratet Sex haben und schwanger werden könnte und damit die familiären Heiratspläne und Erbschaftregelungen torpediert. Die Gesetze, die wir gegen Gewalt gegen Kinder oder Frauen haben, sind noch brandneu.
Es stimmt, Gleichberechtigung der Geschlechter gibt es in vielen Gesellschaften bis heute nicht. Aber bei uns eben auch noch nicht so lange, und es ist auch noch längst nicht in allen Köpfen angekommen. Dazu müssen alte Muster überwunden werden, die vor allem über religiöse Vorstellungen tief verinnerlicht wurden und dann in der Moderne teilweise durch biologische Argumentation untermauert wurden. Sie beanspruchen ebenso absolute Gültigkeit, sind aber auch nur kulturelle Konstrukte für die Entschuldigung männlicher Aggressionen.“

---

[43] Quelle: https://www.augsburger-allgemeine.de/politik/Historikerin-im-Interview-Darum-waren-Maenner-und-Frauen-nie-gleichberechtigt-id59232526.html

Bildung

Noch vor vierzig Jahren war in Deutschland das Thema „Bildungsbenachteiligung von Mädchen“ ein wichtiges Ziel der Frauenbewegung.
Schon lange bescheinigen Lehrkräfte Schülerinnen im Vergleich zu Schülern eine höhere Kompetenz und Selbstdisziplin zum selbstgesteuerten Lernen und ein positiveres Arbeitsverhalten. Jungen gelten nach wie vor als förderungsbedürftig.

Dass uns bezüglich der Bildungschancen von Mädchen inzwischen von anderen Ländern Welten trennen, beweist die Geschichte von *Malala Yousafzai* (*1997) eindrucksvoll: Malala kämpft seit ihrer Kindheit öffentlich dafür, dass alle Kinder, insbesondere Mädchen, in Pakistan zur Schule gehen können. Dadurch wurde sie zur Zielscheibe der Taliban und überlebte ein Attentat nur knapp.
Malala wurde durch mehrere Schusswunden stark verletzt, ist jedoch heute weitestgehend genesen.
Noch immer kämpft die Friedensnobelpreisträgerin international für mehr Gleichheit und Gerechtigkeit und erinnert daran, dass jeder Mensch das Recht auf Bildung hat – unabhängig von seiner Herkunft, Klasse, seinem Geschlecht oder seiner religiösen Zugehörigkeit.

Die tolerante Gesellschaft

Die Öffentlichkeit ruft nach Veränderung, doch stellen wir uns auch ehrlich die Frage: Von wem möchte der Mensch unterstützt und gepflegt werden, wenn er wehrlos oder krank ist?
Robin Williams, verkleidet als Mrs. Doubtfire, wäre vermutlich die erste Wahl. Doch Scherz beiseite: Es sind die ersten Erfahrungen unseres Lebens, die uns die Antwort finden lassen, wem wir unser Vertrauen schenken, wenn wir wehrlos sind.
Wer wäre demnach verwundert, dass weibliche und mütterliche Anteile in pflegenden Berufen ins Gewicht fallen?
Die wenigsten können sich vermutlich Arnold Schwarzenegger als Pflegekraft vorstellen. Dennoch werden gerade kräftige Personen in der Pflege benötigt.
Und so hat das Ganze nicht nur mit der Frage nach Wertschätzung und Bezahlung zu tun, sondern auch mit unseren Emotionen, Vorurteilen, Bedürfnissen und Ängsten.

Auch die viel beworbene Gender-Toleranz halte ich aus diesem Grund für wenig psychologisch fundiert. Denn ein 45-jähriger Mann, der sich physisch nicht mehr vollständig zur Frau transformieren kann und daher, alleine durch die Stimmlage, verkleidet erscheint, ruft Störungen in unserer Wahrnehmung und Bewertung hervor.
Menschen urteilen aufgrund von Übereinstimmung zuvor gefasster, teilweise archaischer Beurteilungsmuster, ob sie ihrem Gegenüber trauen können. Sind innen und außen jedoch im Widerspruch, erzeugt dies Unsicherheit und die ungewohnte Wahrnehmung muss aktiv neu eingeordnet werden. Dieser Widerspruch ergibt sich nicht nur bei der

Wahrnehmung von Menschen mit dem Wunsch nach Geschlechtsumwandlung. Er existiert bei allen verfestigten Denkmustern, Klischees und Vorurteilen. Und die sind nicht aus heiterem Himmel oder von heute auf morgen entstanden.
Dem aktiv entgegenzustehen ist anstrengend, hebt uns als reflektierende Wesen jedoch von dem Ausleben unserer animalischen Urinstinkte ab.
Ich halte es in diesem Zusammenhang jedoch für scheinheilig, Frauen wegen ihrem Rollenverhalten zu kritisieren, während andere Geschlechter, eingebettet in eine uneingeschränkte Geschlechtertoleranz, ihr „Frausein" kultivieren dürfen.

Zum Thema „Mann in Frauenkleidern" gab es erstaunlicherweise von dem feministischen Magazin *„Emma"*[44] Gegenwind: Es wurde darüber diskutiert, ob die Frauenquote nur für „echte" Frauen zuträfe. Ohne physische Geschlechts-Angleichung, als Frau gekleidet, auf einem Quotenplatz zu sitzen, erschien den Anklägerinnen nicht rechtens: *Tessa Ganserer*, die Vater zweier Söhne ist und auf einem Frauenquotenplatz der grünen Liste im Wahl-Herbst 2021 kandidierte, wurde entsprechend attackiert.
Es wurde Widerspruch beim Wahlprüfungsausschuss eingelegt. Dieser Angriff gegen die Grünen-Politikerin wurde von der Süddeutschen Zeitung[45] als transfeindlich und menschenverachtend betitelt. Feministinnen, die so agieren, seien patriarchal.

---

[44] https://www.emma.de/artikel/presserat-keine-ruege-fuer-transphobe-emma-339535
[45] https://www.sueddeutsche.de/meinung/tessa-ganserer-transfeindlichkeit-bundestag-wahl-geschlecht-zaehlt-1.5517640

Prinzessin Frankenstein

Die folgende Geschichte zeigt, wie automatische Assoziationen und daraus resultierende Rückschlüsse die eigene Grundhaltung entlarven, in diesem Fall meine.
Die Geschichte handelt von meiner Tochter, die Medizin studiert hat. Gleich zu Beginn ihres Studiums trug sich Folgendes zu: Im formaldehydgeschwängerten Unterricht sollte der Brustkorb eines Leichnams geöffnet werden und Freiwillige durften vortreten. Schnell wurde klar: Die geringe Körpergröße meiner Tochter stand dem Vorhaben eindeutig entgegen. Es wurde improvisiert und eine Erhöhung gebracht. Da stand sie also mit der Thoraxsäge auf einem Hocker und sägte unerschrocken einen Körper auf.
Ja, ich war als Mutter richtig stolz, als ich diese Geschichte hörte, doch gleichzeitig stellte ich mir die Szene auch ungemein witzig vor: Diese mädchenhafte Person mit der erhobenen chirurgischen Säge – das hatte eindeutig was von Prinzessin Frankenstein.
Soweit so gut, inzwischen wissen wir ja, dass Frauen alles können. Doch jetzt kommt mein Anliegen, das Bezug nimmt, auf verfestigte Beurteilungsmuster: Bei einem männlichen Studenten oder meinem Sohn wäre mir einfach gar nichts skurril oder komisch vorgekommen.
Bekannte Bilder: Mann mit Säge in kompetenter Haltung, locken keine Emotionen hervor, außer vielleicht die des Beifalls. Mir zeigt diese Reflexion deutlich, dass Frauen mit Männern aufgrund meiner gewohnten Beurteilungsmuster nicht gleichgestellt sind, selbst wenn sie die gleiche Tätigkeit verrichten. Und ich glaube nicht, dass dies nur mir so ergeht. Ich könnte künftig darauf achten, dass ich andere Menschen weniger in ihrer Attitüde wahrnehme, sondern

mehr darin, was ihnen wichtig ist und was sie tun. Aber ich bin mir sicher: Ein bisschen wird es wehtun, auf das Spiel der Geschlechter und der Gegensätze zu verzichten.
Solange Frauen mit ihrer Weiblichkeit kokettieren oder in diese Rolle gedrängt werden, kann es keine wirkliche Gleichstellung geben. Kein Mann wird dann hübsche Frauen im ölverschmierten Mechaniker-Overall mehr sexy finden, weil es so nur noch um das Ergebnis geht.
Frauen an der Waffe werden dann nicht mehr „tough" sein, sondern nur noch Soldatinnen.
Viele Betrachtungsweisen und daraus resultierende Emotionen, die aus einer althergebrachten Denkweise stammen, gelten jedoch immer noch als „normal".
Ich frage mich, ob alleine dieser Umstand nicht dem Gleichstellungsanspruch den Boden unter den Argumenten wegzieht. Was würde passieren, wenn alles Emotionale, welches das Weibliche und Männliche differenziert wegfallen würde?
Wollen wir die Auflösung des Spannungsfeldes eindeutiger weiblicher und männlicher Attribute wirklich? Wollen wir auf diese Emotionen verzichten? Ist es nicht auch nachvollziehbar, in Gegensätzen einen Reiz oder eine Ästhetik zu entdecken? Findet die Anziehung der Geschlechter nicht gerade über diese Mechanismen statt?
Ich widerspreche mir an dieser Stelle ganz bewusst selbst, denn ich habe den Eindruck, dass vielen nicht klar ist, dass wir durch die Auflösung von Geschlechtszuordnungen nicht nur etwas gewinnen, sondern auch etwas verlieren können.
Denn selbst wenn wir uns um Toleranz bemühen, empfinden viele Menschen eine Faszination, wenn Gegensätze im Spiel sind.

Auch ich hänge an dem Spannungsfeld zwischen Stärke und Schwäche. Auch mir gefällt das Bild des muskulösen Männeroberkörpers, der ein Baby im Arm hält.

Ich schaue gerne Paaren bei Tangotanzen zu und finde, dass dieser Tanz erst durch das Aufeinandertreffen von weiblichem und männlichem Ausdruck seinen besonderen Reiz erhält. Es fällt mir daher schwer, diesen Aspekt vollkommen außen vor zulassen. Statt in einer Selbstlüge zu verharren, möchte ich daher dazu aufrufen, erst einmal die eigenen Urteilsmuster zu hinterfragen, statt Gleichberechtigung im Außen zu fordern.

Ich glaube, dass wir selbst unbewusst immer noch Tag für Tag das alte Rollenverhalten befeuern, nicht nur weil es so erlernt wurde, sondern weil es auch Spaß macht und Selbstbestätigung verspricht.

Parallel verkünden wir Toleranz, wo es nur geht: Unsere Söhne dürfen lange Haare trage, geschlechtsneutrale Erziehung liegt im Trend und die gendergerechte Sprache hält Einzug.

Doch die Skepsis gegenüber der Genderdebatte, also die Frage danach, ob männliche/weibliche Eigenschaften und Verhaltensmuster zu einem Großteil durch die Erwartungshaltung des Umfeldes entstehen, ist noch lange nicht überwunden. Das beliebte Vorzeigeland Schweden unterstützt politisch schon seit 1996 das Aufwachsen von Kindern unter gleichen Bedingungen. 2008 wurden rund zwölf Millionen Euro für dieses Projekt investiert. Das deutsche Institut für Gesellschaft weist im Gegenzug dazu jedoch eindrücklich auf die Nachteile, die eine genderorientierte Pädagogik verursachen kann, hin.[46] Dennoch ist auch die deutsche

---

[46] Quelle:
https://www.dijg.de/gender-mainstreaming/jungen-maedchen-paedagogik/

Gesellschaft für das Thema sensibilisiert. Im Bemühen, die Rollenklischees zu brechen, werden sogar Design Awards vergeben. Hier werden Marketingstrategien für Produkte ausgezeichnet, die nicht das blau/rosa-Klischee bedienen, sondern geschlechtsneutral daher kommen.
Nur wird leider kein Unternehmen, das ganz einfach schlicht und ergreifend frei von Philosophie oder Ideologie Geld machen will, auf die Fans von rosa Einhörnern und blauen Raketen verzichten. Das wäre einfach nicht wirtschaftlich.
„Zementiert wurde das neue Geschlechterklischee, nachdem 1959 die erste Barbie-Puppe in einer grell pinkfarbenen Verpackung den Spielzeugmarkt eroberte und Rosa schnell zur Lieblingsfarbe kleiner Mädchen mutierte."
Laut der Zeitschrift Geo kleideten sich Männer jedoch selbst lange Zeit in rosa:
„1897 spielten die Herren des neu gegründeten Fußballvereins Juventus Turin in rosafarbenen Trikots und das Ladie's Home Journal, ein ehemals führendes Frauenmagazin in den USA, schrieb 1918: „Die allgemein akzeptierte Regel ist Rosa für Jungen und Blau für die Mädchen. Der Grund dafür ist, dass Rosa als eine entschlossenere und kräftigere Farbe besser zu Jungen passt, während Blau, weil es delikater und anmutiger ist, bei Mädchen hübscher aussieht."[47]

Trotz ehemals umgekehrter Farbwahl gibt es heute noch farblich angepasstes Jungen- und Mädchen Spielzeug, obwohl die Werbung sich aus Gründen des Zeitgeistes parallel dazu bereits redlich bemüht, hüpfende Familienväter im

---

[47] Geo: Geschlechterklischees - warum die Farbe rosa-einst Männersache war

Ballettröckchen als männliches Vorbild zu verkaufen.
Nur wenn die Zielgruppe es hergibt, wird gegendert, werden Alternativen gefunden. Bis dahin werden Rollenzuweisungen weiter verfestigt und so manche Mutter kann ein Lied über die rosa Phase ihrer Tochter singen, die unter Einflussnahme der Werbung, des Kindergartens, des Ballettunterrichts oder der Schule, zustande kam.

Und Rollenverhalten macht nach wie vor Spaß: Als kleines Mädchen habe ich zwar meine einzige Puppe mit Häuptlingsschmuck ausgestattet und bin damit auf Bäume geklettert, dennoch erlaube ich mir inzwischen gerne und in vollem Bewusstsein rosa Mädchenkram.
Viele kleine Jungs dürfen im Gegenzug heute alles tun, was früher Mädchen taten, dennoch wird weiter gerauft, mit Autos gespielt und der Schwertkampf geprobt.
Nach welchem Vorbild? Möglicherweise entlarvt das Verhalten unserer Kinder lediglich das, was biologisch trotz aller Bemühungen immer noch wirkt.

Freiheit die wir meinen?

Inzwischen scheint es für unsere Gesellschaft selbstverständlich zu sein, allen Menschen als oberste Priorität bei der Identitätsfindung behilflich zu sein.
Auch die Omnipräsenz der Gender-Thematisierung ist auffallend und bewegt sich für viele auf einem schmalen Grat der Nachvollziehbarkeit.
Trotz der öffentlich geführten Auseinandersetzung mit Geschlechterfragen, bildet das mediale Interesse die Lebensrealität der meisten Menschen nicht ab. Im Gegenzug dazu werden durch mediale Unterstützung von einer Minderheit Gender-Themen fokussiert, die aber die Nöte und den Alltag der zahlenmäßig überwiegend heterosexuell lebenden Menschen außer acht lassen.
Das Thema Gender ist für Einzelne existenziell, doch wo kann eine Grenze gezogen werden, um als Gesellschaft handlungsfähig zu bleiben?
Was passiert, wenn immer neue Minderheiten-Auflagen das ganze System in der Folge verkomplizieren, verlangsamen oder zum Erliegen bringen?
Die Publizistin *Birgit Kelle* weist in einem Focus-Artikel[48] darauf hin, dass Gesetzesänderungen nicht vertretbare Folgen auf Frauensport, Frauenhäuser, Frauenquoten, geschlechtergetrennte Umkleidekabinen, Gefängnisse und andere Einrichtungen nehmen könnten, wenn die geschlechtliche Eigendefinition die biologischen Fakten ersetzt.
Nehmen wir als Zukunftsvision an, es gäbe eine Annäherung der Geschlechter in allen Bereichen: Kein Einfluss von

[48] Quelle: https://www.focus.de/politik/kjkjk_id_12949515.html

Genen und Hormonen, kein Imponiergehabe untereinander, ein geschlechtsneutrales Aufwachsen und so weiter. Dann wäre das Problem im Arbeitsleben vielleicht irgendwann gelöst. Doch dann würde uns möglicherweise der Nachwuchs fehlen. Wenn das Männliche und Weibliche sich nicht mehr voneinander unterscheiden, wo bleibt in der Folge der (sexuelle) Reiz?

Ja, Geschlechter sind im Wandel, Kinder sollen möglichst geschlechtsneutral erzogen werden und bisher geltende Werte und Rollen werden infrage gestellt.

Das Finden der eigenen Geschlechts-Identität ist wichtig, wenn dies aber eine ganze Gesellschaft durchgehend auf der Handlungsebene beschäftigt, entsteht für mich eine unangemessene Hyperfixierung.

Tragfähig und existenzsichernd ist unsere Welt durch Menschen, die ihre Identität gefunden haben, sich darin wohlfühlen, leistungsstark sind und selbstverantwortlich handeln.

Das Recht auf Geschlechtsfindung muss es geben, doch wenn dabei völlig unkritisch keine Abgrenzung zu Exzentrik, Ego und Schöpferwahn erfolgt und diagnostizierbaren narzisstischen Störungen Raum gegeben wird, hebelt dies ethische und biologische Parameter, zum Beispiel das Übertragen geschlechtsspezifischer Entscheidungen an Minderjährige, aus.

Unabhängig vom Recht auf eine individuelle Entfaltung und Darstellung der eigenen Persönlichkeit, sehe ich aktuell das Problem, dass viele Menschen Persönlichkeitsentwicklung narzisstisch interpretieren.

Dies ist eine generelle Strömung, die nichts mit der Geschlechts-Identität zu tun hat. Diese überzeichnete Ichbezogenheit darf nicht bestärkt und gefördert werden. Wie in

dieser Welt der Effekthascherei und Identitätsfindung Kinder noch behütet großwerden sollen, frage ich mich inzwischen wirklich. „Ein Leben ohne Selfie ist möglich, aber sinnlos."
Und: „Am Anfang war der Spaß."
Wenn sich unsere Gesellschaft weiter in diese Richtung entwickelt, ist der Spaß irgendwann für alle vorbei.
Bevor der Schutzraum und das verantwortliche Handeln einer ganzen Gesellschaft in Anspruch genommen werden kann, halte ich Reflexion des Einzelnen für unabdingbar.
Insgesamt habe ich Bedenken, dass die Notwendigkeit einer klar definierten und ehrlichen Gleichstellung der Geschlechter im Wirrwarr unserer „Alles ist möglich"-Kultur übersehen wird.

Aufgeklärt

Die gesellschaftliche Übereinkunft beim Thema Sex ist eines der subtilsten Probleme in Sachen Gleichberechtigung. In einem Interview [49] des politischen Bildungs-Magazins „fluter“ sagt Annemarie:

„Meiner Meinung nach sollten wir uns fragen: Nützt die Sexualisierung von Frauen wirklich den Frauen? Ich denke sie hat eher zum Ziel, die Benachteiligung der Frau zu erhalten, statt sie zu bekämpfen.
Warum denken viele Frauen, sie müssten sexy sein? Männer stellen sich selten lasziv blickend in Unterwäsche dar. Dies ist für mich ein Widerspruch, der die gesellschaftliche Reduzierung von Frauen auf ihren Körper verdeutlicht. Nur wenn sie von Männern als „sexy“ bewertet werden, seien sie etwas wert. Meiner Meinung nach kommen wir mit der Gleichberechtigung von Frauen und Männern nicht voran, wenn wir nicht auch die Selbstdarstellungen kritisch hinterfragen.“

Solange weibliche Attraktivität die Möglichkeiten in der Schule oder im Job positiv beeinflusst, im heimischen Schlafzimmer mit Sex belohnt wird und sexuelle Reize als Verkaufsargument oder Mittel zum Zweck eingesetzt werden, ist der subtile Einsatz von Sex, der Gleichstellung direkt an der Basis verhindert, in seiner Primitivität und Verlogenheit nicht zu eliminieren. Deshalb ist es gut, dass Frauen begonnen haben, zu hinterfragen, was sie eigentlich selbst dazu beitragen, als (Sex)objekte gesehen zu werden.

---

[49] Quell: https://www.fluter.de/ist-wap-feministisch-oder-sexualisierend

Dass Frauen immer noch die öffentliche Meinung über das weibliche Geschlecht als Sexobjekt befeuern, zeigt sich nach wie vor im unausgesprochenen Handel zwischen alten reichen Männern und jungen Ehefrauen auf Zeit, bis dass der Tod sie scheidet.
Auch wenn es diese Abmachung inzwischen auch in umgekehrter Form zwischen alten Frauen und jungen Männern gibt, macht es das nicht besser.
Solange es einen legitimen, unausgesprochenen Tauschhandel in Form von Sex gibt, bleibt die sexuelle Dienlichkeit, vor allem von Frauen, bestehen.
Das perfide Problem daran: Körperlich begehrenswert zu sein, gehört für viele Frauen zum Frausein dazu. Um dieses Thema rankt sich eine ganze Industrie von Mode, Kosmetik, Fitness und so weiter. Attraktivität ist nicht nur ein Egobooster, sondern in manchen Szenarien, wie den oben genannten, ein geldwerter Vorteil, der im Tausch immer und überall eingesetzt werden kann.
Problematisch daran ist das Prinzip: Materiell abhängige Menschen, und dies sind immer noch überwiegend Frauen, sind eher geneigt, den „Gönner" in Form der Bedürfnisbefriedigung an sich zu binden, gut zu stimmen oder ihm alleine durch ihre Anwesenheit ein besseres gesellschaftliches Ansehen zu ermöglichen.
Sexuelle Befriedigung kann aufgrund von Machtverhältnissen eingefordert oder als Ware immer und überall getauscht oder verkauft werden. Prostitution ist so alt wie die Menschheit selbst, doch der uns ständig umgebende alltägliche Einsatz von Sex wird gerne übersehen.
Ich halte das für ein gravierendes Problem.
Nur, weil wir selbst in unserer Lebensrealität überwiegend nach einem anderen Verhaltenskodex leben, ist es nicht von

der Hand zu weisen, dass geduldete Verhaltensweisen unsere Gesellschaft durchweben und mitbegründen.
Frauen sind vielerorts nicht sicher oder unabhängig.
An dieser Stelle möchte ich sogar einen Schritt weitergehen und das Berufsfeld der Prostitution ins Spiel bringen.
Wer als Frau keinen geschützten Lebensraum hat, Erpressung und/oder Mädchenhandel zum Opfer fällt oder schlicht dem falschen Mann vertraut, kann im Sumpf der Prostitution landen. Ob aus der Not geboren, erzwungenermaßen, aus blinder Liebe oder ursprünglich als Übergangslösung geplant: Menschen werden von Menschen benutzt und inwieweit diesem Umstand einer Übereinkunft zugrunde liegt, sei dahingestellt: Überleben oder den eigenen Körper verkaufen – manchmal bleibt keine Wahl, um sich selbst und/oder die Nachkommen durchzubringen.
Dieser Missbrauch betrifft nicht nur Frauen, sondern alle Geschlechter und beutet die schwächsten Glieder unserer Gesellschaft aus. Das Schönreden vom Geschäft mit dem Sex ist typisch männlich. Ich frage mich, wie viele Nymphomaninnen es eigentlich geben soll, die das Angenehme mit dem Nützlichen verbinden.
Ist es besser, der Prostitution einen (vermeintlich) geschützten Rahmen zu geben, wie es in Deutschland seit 2002 durch das Prostitutionsgesetz versucht wird, oder Prostitution als Männergewalt zur Straftat zu erheben, wie es 1998 in Schweden per Gesetz verabschiedet wurde?
Parallel dazu wird die enorme Grauzone, in der sich Verkauf, Verschleppen und Gefügigmachen von ungeschützten Opfern abspielt, von unserer Gesellschaft weitestgehend ausgeblendet. Wenn von einer sexuell aufgeklärten und emanzipierten Gesellschaft die Rede ist, muss dieser Thematik Rechnung getragen werden.

Geschlechter wechselt euch

Ich war lange von meiner Menschenkenntnis und den damit verbundenen Zuordnungen aus dem Bauch heraus überzeugt. Als jedoch ein Mann, der flugs von mir in die Kategorie „schwul" eingeordnet worden war, über sein Familienleben sprach, wurde ich hellhörig.

Meine nächste Vermutung war: Klar, es gibt ja auch männliche Paare mit Kindern. Doch dann sah ich ihn kurz darauf eine zierliche Frau küssen: Ich fiel aus allen Wolken und zweifelte an meiner Urteilskraft.

Doch: Nur weil ich mir die körperliche Anziehungskraft zwischen den beiden nicht erklären konnte, muss darin noch lange keine Lebenslüge verborgen liegen.

Verwundert war ich aber schon. Und zwar ziemlich lange.

Egal ob Heterosexualität, Homosexualität, Bisexualität oder bislang Undefiniertes: Frappierend ist doch, dass wir Menschen überhaupt nach bekannten Klassifizierungen suchen.

Ich tappe immer wieder in meine unbewussten Beurteilungs-Fallen: Im Hintergrund weben die Zuordnungen von „zart=Frau" und „kräftig=Mann" den Vorurteilsteppich, der mich immer noch mitleidig beiseite sehen lässt, wenn ein maskuliner Mann in Frauenkleidern das Frausein imitiert.

Auch bin ich irritiert, wenn mir eine Lesbe, mit deutlich männlichem Verhalten und Aussehen, von den Medien als erfolgreiche Frau im Männerberuf präsentiert wird, wenn es doch ganz offensichtlich ist, dass hier eine männlich ausgerichtete Persönlichkeit ihren Neigungen gefolgt ist und nicht dem Gleichstellungsanspruch.

Deutlich feminine Männer wecken bei mir ebenfalls keine Gleichstellungs-Begeisterungsstürme, wenn sie sich in einem sogenannten Frauenberuf betätigen.

Doch die Frage bleibt, warum Männer immer noch so häufig abqualifiziert werden, wenn sie beispielsweise in der Kinderbetreuung tätig sind.

Unterstellt wird, vor allem von anderen Männern, dass es intellektuell für mehr einfach nicht reicht. Mangelnde Karrierechancen und schlechtere Bezahlung sind in diesem Beruf vorprogrammiert.

Ein intelligenter Mann würde schließlich Karriere, Macht und Ansehen anstreben. Auch der Vorwurf oder die Angreifbarkeit hinsichtlich pädophiler Neigung steht unter der Hand als Vorwurf im Raum.

Trotz steigender Zahlen verzeichnet das statistische Bundesamt lediglich ca. 57.904 Männer, die der Überzahl von ca. 673.000 Frauen im Bereich der Kinderbetreuung gegenüberstehen (2022).

Oft ist es fehlende Wertschätzung, die Männer aus den typischen Frauenberufen fernhält. Hingegen erntet eine Frau uneingeschränkte Anerkennung, die beispielsweise als Ornithologin arbeitet, da dieser Zweig der Zoologie auf wissenschaftliches Interesse hindeutet.

Sollte sie dann auch noch im schicken Tarnanzug rumlaufen, ist das ganz großes Kino.

Toleranz funktioniert in der Theorie gut, wird auch gerne so thematisiert und transportiert, doch der Rollenwechsel wird häufig, wenn überhaupt, eher Frauen zugestanden.

Wenn etwas addiert werden kann, beispielsweise Durchsetzungsvermögen, Wille oder Stärke, können wir uns ziemlich gut damit anfreunden, umgekehrt klappt das eher weniger.

Sollte echte Gleichstellung aber nicht fairerweise in beide Richtungen funktionieren? Es muss nach wie vor hinterfragt werden, was wir in der Theorie an Toleranz aufbringen und kommunizieren und was in der Realität zum Tragen kommt. Die Gleichstellungs-Berichterstattung präsentiert viel zu häufig Frauen, die einfach nur den Spieß umgedreht haben: Die entweder, genau wie ein Mann, jemandem haben, der ihnen den Rücken freihält, oder die ihre beruflichen Möglichkeiten durch Herkunft, Wohlstand und ein vorhandenes Netzwerk nutzen konnten. Durchschnittliche Arbeitnehmerinnen können sich damit meist nicht identifizieren.

Der Ruf nach mehr Männern in weiblich orientierten Berufen wird meiner Meinung nach auf verschiedenen Ebenen weiterhin verhallen.
Denn: Männern wird das Ausnutzen von emotionaler und körperlicher Nähe in pflegenden und erzieherischen Berufen unterstellt, es werden von ihnen leitende oder hochdotierte Positionen erwartet, sie gelten bei einer weiblich orientierten Lebensführung als dumm, schwul, schwach oder sogar faul, während hingegen Frauen Durchsetzungsstärke und das Interesse an Männerdomänen überwiegend positiv ausgelegt wird. Diese emotionsgeladenen Beurteilungen sind stärker als theoretisches Genderwissen und werden weiterhin die aufgeklärte Gesellschaft behindern, die ihrem vermeintlich toleranten Denken nicht die entsprechenden Taten folgen lässt.
Solange jeder für sich noch nicht an dem Punkt ist, einen anderen Menschen vorurteilsfrei zu begegnen, ohne die eigenen Ängste oder Bedürfnisse dabei einfließen zu lassen, kann eine ganze Gesellschaft dies nicht leisten.
Wie auch, wenn wir täglich in unseren Denkmustern bestärkt werden?
Unsere Erwartungen, Assoziationen und Emotionen werden beispielsweise in jedem Hollywood-Film getriggert.

Wer will einen schmächtigen, etwas ungesund aussehenden Mann als Hauptprotagonist sehen? Niemand.
Dies ist höchstens in Filmen erlaubt, die eine Botschaft auf intellektueller Ebene transportieren.
Die zierliche, etwas ungesund aussehende Frau kann jedoch als Heldin jederzeit herhalten, sie ist beschützenswert, entwickelt möglicherweise im Verlauf des Films persönliche Stärke und macht auf diese Art Eindruck.
Solange uns das Hinnehmen dieser Darstellungen normal vorkommt, sind wir vom Thema Gleichstellung noch weit entfernt. Und solange wir gegenseitig Rollenerwartungen erfüllen, wird es schwer sein, gesellschaftliche Veränderungen glaubhaft herbeizuführen.

Die vielen Stolperfallen, die Gleichstellung verhindern, mögen auf den ersten Blick entmutigend wirken. Doch junge Frauen haben inzwischen mehr Möglichkeiten für sich einzustehen, als die vorangegangene Generation.
Gestaltet euer berufliches Umfeld, vernetzt euch mit anderen Frauen und setzt neue Maßstäbe. Seid erfolgreich und genießt es!

Nachwort

Ich dachte ursprünglich, dass sich manches innerhalb der sehr langen Beobachtungszeit von über zwanzig Jahren so verändert haben würde, dass eine Aufarbeitung des Themas hinfällig sein würde. Auch schien sich vieles untereinander zu bedingen und die erkannten Probleme waren nicht allgemeingültig zu lösen. Typisch Frau, habe ich auch an meinen Qualifikationen gezweifelt. Ich fragte mich, ob ich ausschließlich durch die jahrelange Reflexion des Themas überhaupt ausreichend Expertise vorzuweisen hatte.
Wäre hier nicht wenigstens ein passender akademischer Titel von Vorteil? Und wie sollte ich meine Beobachtungen über so einen langen Zeitraum belegen?
Bekanntermaßen gibt es Statistiken immer für genau die These, die gerade vertreten werden möchte. Man muss sie nur finden. Sicher stammen manche Ausführungen auch aus meinem eigenen Erfahrungsschatz. Diesen möchte ich auch niemanden überstülpen, denn jede Frau muss ihre eigene Wahrheit definieren.
Ich möchte mit meinem Buch jedoch erreichen, dass Frauen besser informiert sind und aufhören, sich als Spielball zu betrachten. Ich wünsche mir, dass es für andere hilfreich sein kann, anhand meiner Zusammenstellung Mechanismen zu erkennen, die Frauen beim Thema Gleichstellung immer wieder straucheln lassen, in Abhängigkeit bringen und das Leben ohne Plan vorbeiziehen lassen. Ich bin überzeugt davon, dass das Streben nach Glück, Familie, Persönlichkeitsentwicklung und Freizeitgestaltung nur umgesetzt werden kann, wenn eigene Bewertungsmuster erkannt und zugrunde gelegt werden. Dies bedeutet nicht, dass wir zu Einzelkämpferinnen werden müssen: Welche Zukunft hätte

die Menschheit, ohne Beziehungen, ohne Familien, einzig aus der Angst vor Abhängigkeiten, die sich automatisch durch Gewichtung und Verteilung von gemeinsamen Aufgaben ergeben?
Manche Frauen werden zu radikalen Feministinnen, weil sie die Gesellschaft warnen möchten und es ihnen eine Herzensangelegenheit ist, auf alle Missstände hinzuweisen, die immer noch nicht überwunden sind. Verpasste Chancen wollen jetzt endlich ergriffen werden.
Doch statt zu analysieren, zu fragen und für sich selbst eigene Antworten zu finden, liegen die Hoffnungen gerade bei vielen älteren Frauen auf der nächsten Generation oder sie warten passiv auf bessere Umstände.
Wer jedoch erst dann für seine Rechte als Frau einsteht, wenn plötzlich oder gerade mal wieder Zeit dafür da ist, verliert an Glaubwürdigkeit – weil man hinterher, aus einer privilegierten, stressfreien Situation, theoretisch natürlich alles viel emanzipierter angegangen wäre.
Warum wird Frauen, als einer grob definierten Gruppe, so leicht per Rundumschlag empfohlen, wie sie ihr Leben zu meistern haben, obwohl jede einzelne ihr Frausein doch nur entsprechend ihrer eigenen Lebensrealität und der sich daraus resultierenden Möglichkeiten bewältigen kann?
Nur ein individueller Weg kann auch ein erfolgreicher sein.
Ein erfolgreiches und unabhängiges Frauenleben hat jedoch viel mit dem eigenen Selbstwert zu tun: Selbstwirksamkeit und Leistungsfähigkeit wird grundlegend von der eigenen Persönlichkeitsentwicklung bestimmt.
Wenn wir unseren Handlungsrahmen eigenverantwortlich definieren, sind wir der Welt nicht mehr vollkommen ausgeliefert, sondern gestalten sie selbst.
In diesem Sinne: Finde deine Love-Life-Balance!

Informieren

Thema Feminismus

Feminismus, Carlsen Klartext

ab 13 Jahre (aber nicht nur für Jugendliche!)

Team F: Feminismus einfach leben

12 Impulse für den Alltag

Julia Möhn, Knaur

Karriere und Beruf

Schrei Kikeriki wenn du ein Ei legst

10 Goldene Erkenntnisse, wie Frauen sich im Berufsleben besser verkaufen, books4success

Lean In: Frauen und der Wille zum Erfolg

Sheryl Sandberg, Ullstein

Selbstfürsorge

Die Erschöpfung der Frauen,

Franziska Schutzbach, Droemer Verlag

Raus aus der Mental Load-Falle

Patricia Cammarata, Julius Beltz

Familie

Wir schlechten guten Väter

Tobias Moorstedt, DuMont

Mein Familienkompass: Was brauch ich und was brauchst du?

Nora Imlau, Ullstein

Vollständige Taschenbuchausgabe

Verantwortlich für den Inhalt:

Nicole M. Susca | Beilsteinstr. 25-4
D-74523 Schwäbisch Hall

ISBN: 9798389242685

Printed in Poland
by Amazon Fulfillment
Poland Sp. z o.o., Wrocław

24809992R00127